Mühlbauer/Rink • Himmelszelt und Schneckenhaus

Rita Mühlbauer · Hanno Rink

Himmelszelt und Schneckenhaus

Wohnhäuser, Wohnwagen, Hütten, Zelte, Erdhäuser, Hausboote, Burgen, Baumhäuser, Schlösser, Höhlenwohnungen, Schutzdächer

Verlag Sauerländer
Aarau · Frankfurt am Main · Salzburg

Himmelszelt und Schneckenhaus – ein Wohn-Poesie-Album

Man wird sich seinen eigenen gesunden Menschenverstand nicht dadurch beweisen können, daß man seinen Nachbarn einsperrt.

Dostojewskij

In Paris gibt es keine Häuser. Man bewohnt «übereinandergestellte Schachteln», und ein Zimmer, sagt Paul Claudel, «ist zwischen seinen vier Wänden eine Art geometrischer Ort, ein konventionelles Loch, das wir mit Bildern möblieren, mit Trödelkram und mit Schränken in einem Schrank.»[1] Die Häuser halten sich im Asphalt fest, damit sie nicht in der Erde versinken. «Vom Pflaster bis zum Dach stapeln sich die Räume aufeinander, und das Zelt eines Himmels ohne Horizont umschließt die ganze Stadt. Die Gebäude haben in der Stadt nur eine äußere Höhe. Die Fahrstühle zerstören das Heldentum der Treppe. Es liegt kein Verdienst mehr darin, nahe am Himmel zu wohnen ... Alles ist hier Maschine.»[2]

«Ihr müßt hier wohnen, und weil ihr mich dauert, habt ihr drei Wünsche frei – aber seid klug!» – «Nein danke, wir haben unsere eigenen Wünsche, bescheidene, maßlose, flüchtige, hartnäckige, uferlose und unzählige. Täglich werden es mehr, und sie verwandeln sich ständig – noch während wir sie aussprechen.»

Viele unserer Wohn-Wunschträume sind zu Klischees geronnen, zu allzu klaren Bildern: «gesehen, verstanden, gesagt: ... erledigt». Aber, so schreibt Bachelard, «es kommt der Moment, wo man die allzu naiven Bilder abstößt, die abgenutzten Vergleiche verwirft. Es gibt kein abgenutzteres Bild als das des Schnecken-Hauses. Es ist zu einfältig, um sich in fruchtbarer Weise verfeinern zu lassen, zu alt, um sich verjüngen zu lassen. Was es zu sagen hat, sagt es in einem Wort. Aber nichtsdestoweniger bleibt bestehen, daß es ein *Initialbild* ist und ein unzerstörbares Bild.»[3]

Ähnlich das Nest: Träumerei allernächster Geborgenheit, einer unserem Körper angepaßten Geborgenheit. Aber wieso, fragt Bachelard, ist dieses leicht zerstörbare Ding mit dem Nimbus der größten Sicherheit behaftet? Wohl eine Art instinktives Vertrauen zur Welt, noch vor den Erfahrungen der feindlichen, nest- und vertrauenzerstörenden Welt, die späteren Datums sind. Welt als Nest, «das Bild des unermeßlichen Himmels, der sich auf die unermeßliche Erde lagert: ‹Die Luft ... ist eine Taube, welche auf ihr Nest gelagert ...›»[4]

Nicht der Wunsch, aber dieses Vertrauen ist gebrochen – und wir fühlen wie Quasimodo, der bucklige Glöckner von Notre-Dame, von dem Victor Hugo sagt, die Kathedrale sei ihm nacheinander «Ei, Nest, Haus, Vaterland, All» gewesen. «Man könnte fast sagen, er habe ihre Form angenommen, wie eine Schnecke die Form ihres Muschelhauses annimmt. Das war seine Wohnung, sein Loch, seine Hülle ... Er hing daran wie die Schildkröte an ihrem Schild. Die zerklüftete Kathedrale war sein Panzer.» Alle diese Bilder der Zuflucht sind nicht zuviel, um auszusagen, «wie ein schlecht weggekommenes Wesen die gequälte Form aller seiner Verstecke in den Winkeln des vielgestaltigen Bauwerks annimmt»[5].

Das Nest, gut verborgen oder leichtsinnig getarnt, ist ein Versteck. «Man behauptete, daß der Wiedehopf sich vollständig den Augen aller lebenden Wesen entziehen könne, und darum glaubte man noch im späten Mittelalter, daß es im Nest des Wiedehopfes ein Kraut von verschiedenen Farben gebe, das den Menschen unsichtbar mache, wenn er es bei sich trage.»[6] Über all dem soll aber nicht vergessen werden, daß in den Nest-Katen und Schnecken-Häusern nicht unbedingt die «weiche Faulheit träger Wesen» mit ihren Einsamkeits-Träumereien haust. Die Orte der Zuflucht sind auch die des Rückzugs, des Hinterhalts – der Aggressivität, die wartet. Wer sich in sein Schneckenhaus verkriecht, wer in der Unbeweglichkeit seines Gehäuses verharrt, bereitet einen Ausfall vor, einen Überfall. «Die Wölfe im Schneckenhaus sind grausamer als die schweifenden Wölfe», heißt es[7].

Aber geht nicht von dem ein besonderer Reiz aus, was uns anheimelnd und unheimlich zugleich, irgendwie «nicht geheuer» ist? Jeder weiß um das Tröstliche, das in dem «fernen Licht» der Eremitenklause aufscheint, Sinnbild des Menschen, der wacht, Poesie des Hauses allein unter dem Zeichen der Lampe, «Auge des Hauses», eingeschlossenes Licht, das nach draußen durchsickert. Eine Lampe wartet im Fenster, in ihr wartet das Haus[8]. Doch wie, wenn das Warten ein Lauern wäre, unheimlich wie bei Michelet die Hexe des Mittelalters? «... allein die Augen waren geblieben, nicht glänzend, sondern mit einem fremdartigen, wenig beruhigenden Funkeln.» Man fühlte, daß Flammen in ihr waren, «daß sie einen unsauberen Herd in sich trug. Der Feuerstrahl, womit der Satan sie durchdrungen hatte, blieb in ihr, und wie durch eine düstere Lampe hindurch warf sie einen wilden, aber gefährlich anziehenden Widerschein. Man schreckte zurück, aber man blieb, und die Sinne waren beunruhigt.»[9]

Ein anderes, großes und schillerndes Thema, um das unsere Wünsche kreisen, ist das vagabundierende Wohnen, das nomadische Umherstreifen, die unbestimmten großen Aufbrüche zu Wasser und zu Land. «Die Vorstellung der Reise», schreibt Roland Barthes, «entspricht bei Jules Verne einer Erforschung des Abgeschlossenseins, und das Einverständnis zwischen Verne und der Kindheit rührt nicht von einer banalen Mystik des Abenteuers her, sondern im Gegenteil von einem gemeinsamen Glück des Eingegrenzten, das man in der kindlichen Leidenschaft für Hütten und Zelte wiederfindet.»[10] Auch das Schiff, einst das Symbol des Aufbruchs, war immer zugleich sein Gegenteil. «Das Schiff ist eine Wohnung, ehe es Transportmittel ist. Alle Schiffe von Jules Verne», diesem besessenen «Möblierer der Welt», «sind vollkommene ‹häusliche Herde›, und die Weite ihrer Reisen steigert noch das Glück ihrer Abgeschlossenheit... Der *Nautilus* ist die ideale Höhle.»[11]

Das hand-greifliche wie das träumerische Wohnen – beides lebt vom Material und seiner Behandlung. Claude Lévi-Strauss schreibt über ein Kuki-Dorf an der birmanischen Grenze: «Wohnstätten, die durch ihre Größe und trotz ihrer Hinfälligkeit majestätisch wirken und für deren Bau Materialien und Techniken verwendet wurden, die wir bei sehr vielen kleineren Dingen benutzen; diese Wohnungen sind weniger gebaut als geknüpft, geflochten, gewoben, gestickt und von der Zeit mit Patina überzogen; statt den Bewohner in einer Masse gleichgültiger Steine zu erdrücken, passen sie sich seiner Anwesenheit und seinen Bewegungen an; anders als bei uns bleiben sie dem Menschen stets untertan... Die Nacktheit der Bewohner scheint durch das samtene Gras der Wände und die Fasern der Palmblätter geschützt: sie schlüpfen aus ihren Wohnungen, als ob sie riesige Hausmäntel aus Straußenfedern ablegten.»[12] Lévi-Strauss spricht uns damit aus der Seele – und hier liegt nicht zuletzt auch ein Schlüssel zu unserem Buch.

Mit unserem «Wohn-Poesie-Album» haben wir nicht weiter begründbaren Sehnsüchten und Wünschen nachgegeben, sind wir den Spuren, Bruchstücken und Ablagerungen unserer Erinnerungen gefolgt. Und wir haben verblüfft festgestellt, wie sehr uns offenbar das «Elternhaus» über alle Erinnerungen hinweg in Fleisch und Blut übergegangen ist. Könnten wir in dieses «erste Haus» zurückkehren, wir sind sicher, wir würden mit Bachelard sagen: «Aus einem Abstand von zwanzig Jahren, allen anonymen späteren Treppen zum Trotz, würden wir noch die Reflexe jener ‹frühesten Treppe› wiedererkennen, über eine bestimmte, etwas zu hohe Stufe würden wir nicht stolpern ... ohne Licht würden wir in den entlegenen Speicher gehen ... die leisesten Gesten, die frühesten Gesten würden plötzlich wiederaufleben, vollkommen wie immer.»[13] Diese «Region der wohldetaillierten Erinnerung», eine seltsame Mischung aus Bild und Erinnerung, Einbildungskraft und Gedächtnis, ist ein Traumgebäude.

Unser Interesse galt dem, was uns fehlt, was man (wer auch immer) uns vorenthält – und was wir uns nicht zuletzt selbst listig vorenthalten. Unsere Neugier für Ungewohntes, Absonderliches und Fremdartiges nahm während der Arbeit ständig zu, aber wir waren nie auf der Suche nach «unserem Traumhaus», denn wir wissen, daß man in einem solchen endgültigen Haus wie im «realen» Haus um die Freiheiten des Wohnens geprellt ist, wenn es nicht durch ein «Anderswo» offen bleibt – überall einquartiert, aber nirgends eingeschlossen.

Es genügt ein flüchtiger Blick auf die Fülle der Bilder, und man merkt, daß es sicherlich auch unser Wunsch war, die (in Bildern) «gebannte Welt in unsere Angeln zu heben».[14] Aber die bloße Faszination des Fremdartigen hätte uns sicher nicht genügt, hätte nicht ein seltsames Wiedererkennen mitgespielt, bei dem einem gerade das bisher völlig Fremde vertraut erscheint, ohne daß man wüßte warum. Wir beließen es dabei, schon um dem zu entgehen, mit sezierendem Blick Genehmes zu vereinnahmen, es «brauchbar» zu machen und Störendes abzutrennen. Oft überkam uns der Wunsch, «alles anzufassen», oft aber entsprach uns mehr der Blick aus dem Fenster eines fahrenden Zuges, der die Häuser und Kleinwelten, die geträumten, erwünschten oder abgelehnten, abrollen läßt, ohne daß man versucht wäre anzuhalten – mit dem heilsamen Verbot, Sachverhalte nachzuprüfen. Oder wie Thoreau einmal sagte: «Von allen einsamen Häusern, denen ich auf dem Lande begegne, sage ich mir, daß ich dort mein Leben in Zufriedenheit verbringen könnte ... Ich habe noch nicht meine langweiligen Gedanken und prosaischen Gewohnheiten hineingebracht, und darum habe ich die Landschaft noch nicht verdorben ... Ich verlange nichts als Augen, die sehen, was ihr besitzt.»[15] – Und dies galt gleichermaßen für unsere «Hütten-Stunden» wie für unsere «Palast-Stunden».

Wohl erst im Laufe der Arbeit kamen wir unserer Vorliebe für historisch Gewachsenes so recht auf die Spur. «Der Turm ist das Werk eines anderen Jahrhunderts. Ohne Vergangenheit ist er nichts. Wie lächerlich ist ein neuer Turm!»[16] Zusehends galt unser Interesse den in geschlossenen Lebensformen entstandenen Gebäuden und Behausungen; gestaltet in Formen und mit Materialien, die leben, weil sie vom Geist ihrer Bewohner gezeichnet sind – weil sie eine Geschichte haben. Nur selten interessierte uns Architektur an sich, sondern die *bewohnten* Bauten und Innenräume, und dies möglichst im Detail. Dieser Hang zum Historischen in vertrauten und fremden Kulturen hat uns allerdings mit den erbärmlichsten Dokumenten eines unaufhaltsamen Verschwindens konfrontiert. So hat sich schließlich unsere Wertschätzung im Zeichen einer Trauer über endgültig Verlorengegangenes in unseren Bildern und Texten niedergeschlagen. Unser «Sammelalbum» ist (in des Wortes weiterer Bedeutung) auch zu einem Gedenkbuch geworden.

Bei alledem ging es uns nie um «das Wesentliche», und so ist dieses Buch ein Ausdruck unserer Sammelleidenschaft, unserer Liebe zum Detail und unserer Lust am Malen geworden. Zu keinem Zeitpunkt mochten wir uns als Erfinder von Phantasie-Wohngebilden verstehen. Statt hoffnungslos zu konkurrieren mit der Poesie dessen, was die «anonyme Architektur» (die Architektur ohne Architekten), die historische Bauweise und nicht zuletzt die vielen Eigenbrötler hervorgebracht haben, widmeten wir dem unsere Aufmerksamkeit, nahmen wir auf unsere Weise Anteil.

Die Poesie der größeren Bilder in unserem Buch liegt in den Inszenierungen. Die Häuser, Hütten und Schlösser bleiben, was sie sind, sie nehmen nicht selbst Phantasiegestalt an. Eher ließe sich sagen, sie spielen Rollen, teils wie Routiniers, teils auf die Bühne geholt wie Laiendarsteller, je nachdem, ob in den Szenen eine Aufführung des «Wirklichen» oder der «Phantasie» abgebildet ist.

So sehr unsere Wohn-Wünsche von versonnenen Betrachtungen, vom Sich-Einfühlen leben, so wichtig sind uns die spektakulären ersten Eindrücke, Überraschungs- und Verblüffungseffekte. Dementsprechend sollen die Konstruktionen, Montagen und Bühneneffekte der größeren Bilder Anreize bieten, aber nicht dem Betrachter den Weg in ein «Reich der Phantasie» ebnen wie ein Tor, das zum Eintreten «in eine andere Welt» auffordert. Sie sind vielmehr dergestalt, daß sie den Betrachtern wie uns selbst einen Platz außerhalb des Geschehens zuweisen. «Zwischenebenen» der verschiedensten Art wurden zwischen dem Schau-Spiel und dem Zuschauer eingezogen. Nirgends wollten wir «Phantasie» und «Wirklichkeit» gegeneinander ausspielen (wir wüßten gar nicht, wo wir trennen sollten). Vielmehr sind die Bilder dokumentierte Phantasie-Vorstellungen, im Bild festgehalten und aufgezeichnet. Dem entspricht auch die eher anonyme zeichnerische Darstellung, die, obwohl in der gleichen Lasurtechnik gemalt wie die kleinen Bilder, gelegentlich wie kolorierte Graphiken wirkt. Die Strenge der gezeichneten Phantasien steht so im Bund mit der gemalten Poesie der authentischen Wohndokumente (der kleinen Bilder).

Die kleinen Bilder sollten möglichst authentisch und detailgenau sein, und auch atmosphärisch sollten sie stimmen, nicht nur um der malerischen Effekte willen, sondern durchaus in einem dokumentarischen Sinn, verstärkt durch die Texte der Bildlegenden. Die Auswahl und Komposition der Bilder entstand aus einem Sammelsurium von Fundstücken und «Augenschmeichlern»: vergilbte Schwarzweiß-Fotos, neue Farbaufnahmen, ethnologische und volkskundliche Abbildungen aus Nachschlagewerken, Fach- und Schulbüchern, aus Forschungs- und Reiseberichten, Bilder und Kopien aus Zeitungen, Fachzeitschriften und Illustrierten, Reproduktionen von Gemälden, Druckgraphiken und Zeichnungen, Abbildungen aus Zigarettenbildchen-Alben, aus Architekturbüchern und Bauzeitschriften. Ethnologen, Architekten, Historiker und Archivare wurden ebenso zu Rate gezogen wie Leute, «die schon einmal dort gewesen sind». Manches wurde gezielt recherchiert, anderes wie mit der Wünschelrute gefunden. All dies und das Malen der Bilder bedingte sich gegenseitig, verschmolz ineinander.

Die Bilder sind nicht eine bloße Verkleinerung des Abgebildeten, etwa wie in Winzigkeit erstarrte Kleinbildfotos, die man zu vergrößern vergessen hat. Die Bilder sind so klein, weil sie – im Stil der Miniatur – so klein gemalt wurden. Auch die Miniatur erlaubt großzügige Malweisen, und jedes unserer Bilder konnte wie ein «richtiges

Gemälde» ausgeführt werden, wie ein Aquarell, ein Ölbild oder im Stil des Photorealismus. Allerdings verschließt sich die Miniatur dem nur flüchtigen Blick, aufmerksame, sich Zeit lassende Betrachtung wirkt hier wie ein Vergrößerungsglas: Hat man die richtige «Brennweite», die optische Feineinstellung gefunden, wird alles auf dem Bild unwillkürlich größer, es weitet sich, bis sich allmählich auch die kleinsten Details erschließen. Kinder sind übrigens Meister dieser Sehweise, während Erwachsene (Spezialisten des Blicks für «das Wesentliche») meist (wieder) der Übung bedürfen – am besten vielleicht unter Anleitung von Kindern.

Als wir merkten, daß uns ein Poesie-Album am meisten zusagte, ordneten wir unsere Wunschvorstellungen und Vorlieben solange nach verschiedenen Motiven, bis sich ein «gutes Gefühl» für die Sinnfälligkeit unserer Gliederung einstellte und die formale Gestaltung festgelegt werden konnte – wohlweislich bevor wir uns der Fülle des Materials und unserer Sammelleidenschaft anheimgaben. So konnten die zwölf Kapitel mit jeweils einem Titel, einem Motto, einem großen Bild, zwölf kleinen Bildern und Bildlegenden Gestalt annehmen, insgesamt (bei flüchtigem Durchblättern) durchaus mit enzyklopädischem Anschein. Aber die geordneten Oberflächen des Buches und seiner Kapitel sind trügerisch, am ehesten vergleichbar jener «gewissen chinesischen Enzyklopädie», in der sich «Tiere wie folgt gruppieren: a) Tiere, die dem Kaiser gehören, b) einbalsamierte Tiere, c) gezähmte, d) Milchschweine, e) Sirenen, f) Fabeltiere, g) herrenlose Hunde ... i) die sich wie Tolle gebärden, k) die mit einem ganz feinen Pinsel aus Kamelhaar gezeichnet sind ... m) die den Wasserkrug zerbrochen haben, n) die von weitem wie Fliegen aussehen.».[17] Zweifellos ist dies eine gute Ordnung – die logische Ordnung der Welt der Zigarettenbildchen-Alben.

Abschließend möchten wir allen danken, die uns unterstützten und oft in für uns überraschender Weise Anteil am Fortgang der Arbeit nahmen. Wir danken besonders unserem Verleger und seinen Mitarbeitern sowie den Ethnologen Prof. Otto Zerries und Dr. Mária Kecskési, Museum für Völkerkunde in München, der dortigen Bibliothekarin Frau Rittler, den Historikern Dr. Elmar D. Schmid, Bayerische Verwaltung der staatlichen Schlösser, Gärten und Seen, und Dr. Georg Kugler, Kunsthistorisches Museum Wien, dem verstorbenen Architekten Dipl. Ing. Klaus Dunkelberg, der an der Technischen Universität München arbeitete, und zahlreichen anderen Experten, Freunden und Bekannten, die uns halfen – wenn auch oft nur mit Hiobsbotschaften, «wie es heute dort aussieht».

Rita Mühlbauer
Hanno Rink

[1] Paul Claudel, Oiseau noir dans le soleil levant
[2] Gaston Bachelard, Poetik des Raumes, Frankfurt am Main/Berlin/Wien 1975, S. 60
[3] ebd., S. 150
[4] ebd., S. 132
[5] Victor Hugo, zitiert nach Bachelard, a.a.O., S. 119
[6] Charbonneaux-Lassay, Le bestiaire du Christ, Paris 1940
[7] Gaston Bachelard, a.a.O., S. 141
[8] Henri Bosco, der Garten der Hyazinth, zitiert nach Bachelard, a.a.O., S. 67
[9] Jules Michelet, Die Hexe, München 1974, S. 72
[10] Roland Barthes, Mythen des Alltags, Frankfurt am Main 1970, S. 39
[11] ebd., S. 41
[12] Claude Lévi-Strauss, Traurige Tropen, Frankfurt am Main 1978, S. 207
[13] Gaston Bachelard, a.a.O., S. 47
[14] Ernst Bloch, Spuren, Frankfurt am Main 1969, S. 202
[15] Henry-David Thoreau, Tagebuch 1850/1851
[16] Gaston Bachelard, a.a.O., S. 58
[17] Jorge Luis Borges, Die analytische Sprache John Wilkins', in: ders., Das Eine und die Vielen. Essays zur Literatur, München 1966, S. 212

Mond überm Zigeunerwagen

Meinen Wagen, den grünen Planwagen
Hab ich am Waldrand aufgestellt
Aus Weidenruten flicht die Frau
Zwölf Körbe jeden Tag
Kartoffeln haben wir genug
Für ein Hemd wird sich schon was finden

Sechs Fenster hat mein Wagen
Die Kinder schauen in den Mond
Aus Weidenruten flecht auch ich
Zwölf Körbe jeden Tag
Brot haben wir genug für heut
Und Speck werden wir noch kaufen

Ein kleiner Vogel singt und singt
Die ganze Nacht im hohen Gras
Vor dem Wagen, dem grünen Planwagen

Zigeunerlied

3-355
UNION PACIFIC

Eine Strohhütte auf Rädern

Diese mützenförmige Strohhütte, auf einen Zweiradkarren montiert, ist ein portugiesischer Schäfer-Schlupfkarren. In Portugal, wo die Schafzucht noch immer eine wichtige Rolle spielt, werden große Gemeinschaftsherden von Berufshirten gehütet. Nicht selten müssen sie riesige Weidegebiete durchwandern. Dann leben die Schäfer bei ihren Herden und schlafen gewöhnlich im Freien. Oft aber nächtigen sie in solchen kleinen Hütten, die manchmal auf alten Ochsenkarren stehen.

Ein Schindelhaus auf Rädern

«Truckitecture» nennt man in den USA die Kunst, auf die Gestelle teils uralter Lastwagen (trucks) und anderer Automobile regelrechte Wohnskulpturen zu bauen. Das Baumaterial stammt größtenteils aus Abbruchhäusern, von Autofriedhöfen und anderen Zivilisationsmüllhalden.
Das unperfekte, skurrile Aussehen solcher fahrbarer Wohnungen soll die Abkehr ihrer Erbauer und Bewohner vom Leben der «angepaßten» ordentlichen Leute, vom «American way of life», demonstrieren.

Wohnwagen der Tinkers und Gypsies

Die Tinkers in Irland und Schottland sind den Landfahrern auf dem Kontinent, den Jenischen, den Omstreifere, Reizigers, Tattare, Forains vergleichbar. Aber anders als jene haben die Tinkers – besonders in Irland, wo sie zahlreich und oft vermischt mit Zigeunern (Gypsies) leben – ihre Lebensgewohnheiten weitgehend beibehalten können.
Noch immer ziehen viele Tinker-Clans auffällig gekleidet in bunt geschmückten, von Pferden gezogenen Wohnwagen über Land. Auch längst motorisierte Tinkers leben wie eh und je «von der Hand in den Mund» – als Wanderhandwerker (Tinker heißt Verzinner, Kesselflicker), Schausteller, Hausierer, Bettler, Gelegenheitsarbeiter, Händler, Schrott- und Altwarensammler.
Weil sie so «schamlos» in «Horden» «herumzigeunern», werden sie – wie alles fahrende Volk – von den Seßhaften verachtet, die immer wieder vergeblich versuchten, solche «Wildbeuter» zu einer «ordentlichen» (und das meint seßhaften) Lebensweise zu bewegen. Dazu ein Tinker: «Why cage a bird, why civilize a Tinker?» (Warum einen Vogel einsperren, warum einen Tinker zivilisieren?)

Ein Wohnhaus als Tausendfüßler

Auf der Philippineninsel Mactan ist ein Haus gesehen worden, das zu Fuß umgezogen ist. Zwar stehen die Häuser dort auf Stelzen und sind besonders leicht, weil sie aus verschieden verarbeiteten, vorwiegend leichten Hölzern und einem Palmblattdach bestehen – aber fortbewegen können sie sich trotzdem nicht. Das bringen erst die zahlreichen Füße der Nachbarn zustande, die den Bewohnern beim Haus-Umzug helfen.

«Wagenburg» einer jenischen Sippe

Jenische sind Fahrende, die bis in die Nachkriegszeit in den deutschsprachigen Ländern in Sippen ihr «unstetes Leben» führten und in ihren von Pferden gezogenen Karren oder «Reisewagen» als Korbmacher, Besenbinder und Scherenschleifer (wie auf der Abbildung zu sehen), als Händler, Lumpensammler oder als Schausteller und Zirkusleute über Land zogen. Von den «Bauern» (jenisch für die Seßhaften) sind sie als «Vagabunden, Diebs- und Lumpengesindel» gemieden oder als «lustiges, freies Völkchen» beneidet worden.

Wohnwagen für fahrendes Volk und Behausungen für allerlei Reisen zu Lande.

Airstream-Wohnmobil

Derartige Wohnmobile haben ihren bevorzugten Platz in Zukunftsträumen von mittelständischen amerikanischen «Asphalt-Nomaden». Die stromlinienförmigen, chromblitzenden Wohn-Projektile sind allerdings weniger auf den Fernstraßen zu finden, als vielmehr, abgestellt, auf dauernd gemieteten Wohnwagenplätzen. Dort träumen ihre Bewohner von end- und ziellosen Fahrten, während sie Tag für Tag mit ihrem Auto zwischen Arbeitsstelle und ihren Wohn-Anhängern hin- und herpendeln.

Schlittenhütte

Hirtenhütten auf Schlittenkufen waren besonders in Bosnien, Bulgarien, im südlichen Serbien und auch in Griechenland gebräuchlich. Im Balkan, einer Kulturlandschaft mit großer Hirtentradition, zwangen die Weideverhältnisse die Schafhirten oft zu langen, beschwerlichen Wanderungen.
Manche Schlittenhütten wurden von Ochsengespannen gezogen und beherbergten ganze Familien. Oft hatten sie zwei Schlafstellen an jeder Wand und eine Kochstelle in der Mitte – gelegentlich auch ein Fenster.

Zigeuner-Wohnwagen

In Europa wurde kein Nomadenvolk so seh
bestaunt, sentimental verklärt und zugleic
mißachtet, gefürchtet und verfolgt wie di
Zigeuner. Im 16. Jahrhundert wurden sie fü
vogelfrei erklärt, und noch heute begegne
sie allerorts der Feindseligkeit der Seßhaften

Die Zigeuner hielten in den jeweilige
«Gastländern» an ihren Lebensgewohnhei
ten, Sitten und Bräuchen fest – und verwan
delten fremde auf ganz eigene Weise. Noc
bis vor kurzem nächtigten sie in Zeltlager
oder in ihren von Pferden oder Maultiere
gezogenen Roulotten (wie die Gitans auf de
Abbildungen) und wanderten von Ort z
Ort. Auch wenn sie heute in moderne
Wohnwagen wohnen oder seßhaft geworde
sind, leben sie noch im Stammesverband un
sprechen ihre Volkssprache.
Viele Zigeuner sind immer noch unterwegs
Ebenso wie die seßhaften Sippen am Rand
der Dörfer und Städte üben sie, so gut e
heute geht, ihr angestammtes Handwerk aus
als Kupferschmiede, Kesselflicker, Kor
flechter, Hausierer, Händler, Wahrsage
oder sie sind nach wie vor begehrte und bri
lante Musiker und Artisten.

Ein Wohnbus

Ein ausgedienter Schulbus ist die ideale B
hausung für «Nomaden»-Wohngemeinscha
ten. In einen Wohnbus umgewandelt, habe
Kind und Kegel, Sack und Pack darin Plat
Zahlreiche Gruppen der amerikanischen G
gen-Kultur (Hippies und andere) haben d
Suche nach anderen Lebensformen in ihre
mobilen Wohnungen auf Rädern begonne
In Kalifornien sind gegenwärtig besonde
viele dieser Wandervögel unterwegs. M
ihren bunten Traumwohnungen demonstri
ren sie augenfällig ihre Ungebundenheit.

Ein Van von innen

Van ist die Kurzform von Caravan und mei
einen zumeist neuen Kleinlastwagen, der z
einer komfortablen Wohnung umgeba
worden ist. Ein ordentliches amerikanisch
Van-Heim hat: großes Doppelbett, Sitzec
mit Hausbar, Stereoanlage, Fernseher, Koc
nische mit Kühlschrank und sogar Dusc
kabine. Ausgeschmückt ist das ganze m
Plüsch und Nippes. Außen sind diese P
starken, wendigen Wohnmobile an ihre
phantasievollen und meist kostspieligen B
malungen zu erkennen.

Mein Haus ist, wo ich bin

Der Traum aller Jungen

Zu meiner Kindheit hatten wir Jungen in unserem Nest am Westufer des Mississippi alle nur einen Wunsch, der von Dauer war, nämlich zur Dampfschiffahrt zu gehen. Mitunter wollten wir auch etwas anderes werden, doch das hielt nie lange an. War ein Zirkus dagewesen, brannten wir darauf, Clowns zu werden; die ersten Neger-Minstrels, die in unserer Gegend auftraten, ließen uns mit der Sehnsucht zurück, uns unters fahrende Volk zu mischen, und hin und wieder gaben wir uns sogar der Hoffnung hin, Gott würde uns, wenn wir immer hübsch brav blieben, Seeräuber werden lassen. Diese Wunschträume verblaßten einer nach dem andern, der mit dem Dampfschiff aber ließ uns nicht mehr los.

Leben auf dem Mississippi *Mark Twain*

MISSISSIPPI

Schwimmende Wohnhäuser, Hausboote und Floßhäuser.

Ein Wohnboot von «Wasserzigeunern»

Bis vor kurzem brachten die Badjaos ihr ganzes Leben auf ihren Ausleger-Wohnbooten zu. Zwischen Borneo, den Sulu-Inseln und der Philippineninsel Mindanao fischten sie in seichten Gewässern, Flußmündungen und Mangrovensümpfen oder betrieben auch Hochseefischerei. Früher soll es unter den Badjaos mitunter geschickte Seeräuber gegeben haben. Heute sind sie zumeist teilweise oder ganz seßhaft geworden.

«Floß-Zelt» mit «Fallschirm-Segel»

Das «Floß-Zelt», das hier mit geblähtem Segel über den Nares Lake (in Kanada) gleitet, hat eine abenteuerliche Reise vor sich. Vier junge Amerikaner machten sich auf, um die alte Goldsucher-Route (auf dem Yukon nach Norden) nachzuerleben. Wie Pioniere zur Zeit des großen Goldfiebers bauten sie aus Stämmen ein Floß, nähten sich ein Zelt und für die Fahrt auf den Seen ein «Fallschirm-Segel». Oben in Alaska zimmerten sie aus dem Floß ein Haus.

Wohn-Dschunken in Hongkong

Im Gebiet von Hongkong leben an die hunderttausend Menschen auf Wohn-Dschunken, und in den südchinesischen Provinzen sind es noch mehr. Diese Wasserbewohner verwalten ihre Bootssiedlungen selbständig und unterscheiden sich von den Landbewohnern auch in Brauchtum und Dialekt. Als Seefischer, Binnenfischer oder Perlentaucher nutzen sie die chinesischen Gewässer (und geben dafür einen Teil ihres Fangs an China ab). Andere betreiben Wassertaxis, schwimmende Hotels oder Läden.
Auf den Schiffsschnäbeln der Dschunken kann man heute noch die traditionellen gemalten Augen sehen, mit denen, so sagen die Fischer, die Schiffe das Meer absuchen.

Ein schwimmendes Haus

Mit diesem bemalten Holzhaus auf stabilem Kahnunterbau, das der Berliner Architekt Biberfeld 1907 entwarf, sollten alle angeregt werden, die gerne ein solides Eigenheim hätten, jedoch ohne örtlich gebunden zu sein. Gedacht war dabei an ein richtiges Haus, das zu Wasser transportierbar und dessen Standort an Flußufern, Seen oder Meeresbuchten beliebig verlegbar sein sollte. Diese Idee zu verwirklichen ist nicht leicht. Sie dürfte wohl heute an Problemen wie Fahrt- und Landegenehmigungen scheitern.

«Palast-Dschunke» in Nangking

Diese Dschunke hat einen besonderen Reiz – sie ist aus Stein, ein Pavillon, der in den Gärten des Tai-Ping-Palastes von Nangking (in China) liegt. Die Palastanlage wurde im 19. Jahrhundert auf der teilweise zerstörten Anlage der «Verbotenen Stadt» in der alten Kaiserstadt Nangking errichtet. Die «Stein-Dschunke» wurde nach dem Tai-Ping-Aufstand in einen Salon umgewandelt und vom Kaiserlichen Gouverneur bewohnt.

Wohnboote der «Menschen des Wassers»

Die Moken, die «Menschen des Wassers», leben auf kunstvoll gefertigten Wohnbooten, großen, geweiteten Einbäumen mit Palmblattdächern und seitlich hochgezogenen Wellenbrechern. Die Moken sind Meeresnomaden, aber keine sonderlich guten Fischer. Sie leben eher von dem, was sie an Kokosnüssen, Vogeleiern, Wildbienenhonig, Früchten, Krabben oder Muscheln auf den zahllosen Inseln und Stränden im Mergui-Archipel (vor der malaiischen Halbinsel) sammeln.

Hausboote in Kaschmir

Srinagar (in Kaschmir), die Heimat dieser schwimmenden Wohnhäuser, gilt oft als «Venedig des Ostens», weil dort der Fluß Jhelum ein verzweigtes Netz von Kanälen und Wasserstraßen bildet.
Die geräumigen, aus Fichtenholz kunstvoll gezimmerten Hausboote mit ihren Holzschindeldächern haben je nach Größe Küche, Wohn- und Schlafraum und manchmal sogar noch ein Stockwerk.

Floßhäuser am oberen Amazonas

In der peruanischen Amazonas-Stadt Iquitos leben Indios in Holzhäusern und Palmblatthütten, die von Flößen getragen werden Diese Floßhäuser und -hütten bleiben imme in Ufernähe, so daß sie – je nach Wasserstanc des Amazonas – bei Hochwasser schwimmen, dagegen bei Niedrigwasser auf den Grund aufsitzen.

Hausboot «Butterfly»

Ein alter Bootskörper und viel Treibholz gaben das Material für diese Wohnboot-Skulptur. Ihr Schöpfer und Bewohner nennt sie schlicht seinen «Lebensraum» – inmitten einer ganzen Kolonie sehr komischer Boote in Sausalito (in der Bucht von San Francisco). Aber auch in anderen Buchten entlang der amerikanischen Westküste haben die seltsamsten Wohnträume schwimmende Gestal angenommen.

Hausboote im Menam-Delta

Von jeher waren die weitverzweigten Kanäle und Flußläufe des Menam-Deltas (in Thailand) Hauptverkehrswege und Wohnplätz zugleich. In Bangkok, seinen Vorstädten und in den umliegenden Dörfern leben viele Menschen fast ausschließlich in Hausbooten Oft arbeiten sie als Bootsführer oder sind al «schwimmende Händler» unterwegs, und auch die Kinder fahren mit Booten zu Schule.

Ein Hausboot in Holland

In Holland mit seinen zahllosen Kanälen und Wasserstraßen sind Hausboote keine Seltenheit. Allein in den Grachten von Amsterdam liegen an die zweitausend solcher «schwimmenden Domizile». Boote, lackiert wie schmucke Holländerhäuser, liegen neben vergammelten, liebevoll aufgeputzten Kähnen oder schnittigen Jachten. Und sie sind so verschieden wie ihre Bewohner, die Künstler, Studenten, Handwerker, pensionierte Binnenschiffer und «bunten Vögel» aller Art

Klabautermann,
Klabauterfrau,
Klabauterkind
im Schiffe sind.

Christian Morgenstern

Nun bin ich in solch einem kleinen, schwarzen Hause geschwommen, da man eine Gondel nennt. Es ist lang und schmal, vorn und hinten spitz und sieht wie ein Frauenpantoffel aus; das viereckte Kämmerchen darauf mit vier Sitzen ist mit schwarzem Tuch beschlagen, so wie auch die Gondel schwarz ist.
Der Gondolier steht hinten drauf und lenkt die Gondel mit seinem Ruder so geschickt, daß man es sich kaum denken kann, wenn man es nicht gesehen hat. Man schwimmt dicht auf den Wellen so sanft wie in einer Wiege und sieht an beiden Seiten große, hohe Paläste, einer dicht am andern; unter den Brücken fährt man durch; zwischen Gondeln, Schiffen, Barken fährt man wie auf einem Pfeile hin, daß im größten Gedränge eine Gondel die andre kaum berührt. In manchen ziemlich engen Kanälen gehen drei Gondeln nebeneinander so schnell vorbei, als wenn man einander vorüberflöge. Die Damen sitzen mit ihren Herren drin, und sie haben es zehnmal bequemer, als wenn sie in den Kutschen gerüttelt würden. In Venedig sind keine Kutschen, alles wiegt sich in Gondeln, was nicht über die Brückentreppe auf und ab laufen will. Es ist eine sonderbare Stadt, die gleichsam aus der See emporsteigt, voll Gedränges von Menschen, voll Fleiß und Betrügerei. Es ist mir lieb, daß ich sie gesehen habe.

Brief an seine Kinder, 1789 — *Johann Gottfried Herder*

Wasserstädte, Wassernester, Wasserburgen und Pfahlbauten.

Pfahlbaudorf im Meer

Der Forscher J.W. Lindt (von dem die Fotovorlagen zu diesem Bild stammen) besuchte im Jahre 1885 das Pfahlbaudorf Tupuselei, mitten im Meer, an der Südküste Neuguineas – und prompt nannte er es «Papua-Venedig». Zwar konnten die Motu, die Bewohner des Dorfes, ihre Pflanzungen auf dem Festland nur mit Booten erreichen. Dafür waren sie vor Überfällen vom Land her geschützt – wohl der wichtigste Grund für den Bau solcher Dörfer im Wasser.

Venedig

Bereits im 5. Jahrhundert flohen Veneter vom Festland auf die Inseln der Lagune und bauten dort Städte. Im 9. Jahrhundert, nach erneuter Flucht, begannen sie auf einer unwegsamen Insel mitten im Watt mit der Schaffung von künstlichem Untergrund, indem sie Pfahlroste in den Schlick rammten. Auf diesen Pfählen entstand Venedig, die Lagunenstadt, auf hundertsiebzehn Inseln, mit hundertfünfzig Kanälen und vierhundert Brücken – die «Königin der Meere». (Gemalt nach einem Bild von Canaletto.)

Das «Brückenschloß» Chenonceaux

Chenonceaux, das «Schloß der Feste», dessen Brücken-Galerie den Loire-Nebenfluß Cher überspannt, hat eine Geschichte, die nicht ohne Reiz ist. Das Schloß (früher stand dort eine Burg mit Mühle) wurde einst Diana von Poitiers, der Geliebten des französischen Königs, zum Geschenk gemacht, und sie ließ die Brücke bauen. Aber die Königin, Katharina von Medici, nahm ihrer Rivalin das Schloß, ließ die Brücke aufstocken und feierte dort die frivolsten und prunkvollsten Feste.

«Klein-Venedig»

Das vielgestaltige Bamberg in Franken ist oft mit anderen Städten verglichen worden – sogar mit Venedig. Dies wohl deshalb, weil Bamberg auf und um eine Insel in der Regnitz gebaut wurde, weil es über zwei Flußarme hinweg durch acht Brücken verbunden ist, und weil vor allem die alten Fischerhäuser des eigentlichen «Klein-Venedig», mit den Booten davor, sehr malerisch am Wasser liegen.

Wasserschloß Haus Hülshoff

Haus Hülshoff, das aus dem 16. Jahrhundert stammende Geburtshaus der Dichterin Annette von Droste-Hülshoff, ist von der Anlage her eine «Zweiinselburg», denn Hauptburg und Wirtschaftsgebäude liegen getrennt und bilden zwei wasserumwehrte «Inseln».

Wie die Mauern sich aus dem Wasser erheben, so scheint auch das Wappentier des Hauses der Tiefe des Teiches entflogen: Es ist ein geflügelter silberner Barsch mit rotem Kamm und roten Flossen.

Niederländisches Dorf im Winter

Wenn die vielen Kanäle, Bäche, Flußarme und Meeresbuchten zugefroren sind, nutzen die Niederländer – heute wie früher – die Gelegenheit zu allerlei Vergnügungen auf dem Eis. Die Abbildung (gemalt nach einem Bild von Hendrick Avercamp) schildert, wie lebhaft es dabei im 17. Jahrhundert zuging. Ein paar Leute in dem Gewimmel spielen «Kolf», ein in diesem Landstrich schon sehr früh beliebtes Spiel, das in England zum «Golf» wurde, und so von dort auf das Festland zurückkam.

Wasserburg Mespelbrunn

In der Nähe des berüchtigten «Wirtshaus im Spessart», inmitten von Eichen- unc Buchenwäldern, liegt die Wasserburg Mespelbrunn. Die Stammburg der Echter von Mespelbrunn wurde bereits in der Gotik errichtet. Später, in der Renaissance und um die Jahrhundertwende, wurde sie mehrmals umgebaut. Der romantischen Lage und eine Stilmischung, die ganz im Sinne der Romantik war, verdankt Mespelbrunn seine Berühmtheit. (Die Burg liegt bei Aschaffenburg in Bayern.)

Wohnungen der «Bootsleute»

Die Abbildung wurde nach einem Stich au dem 19. Jahrhundert gemalt. Sie zeigt – wenn auch etwas idealisierend – die frühere Wohnweise der Warrau-Indianer, der «Bootsleute» auf ihren schlichten Holzplattformen zwischen Mauritia-Palmen im Orinoko-Delt Venezuelas. Auch heute noch leben di Warrau als geschickte Fischer und hervorragende Bootsbauer auf dem Wasser – allerdings in Dörfern aus rechteckigen Pfahlbau Häusern mit Giebeldächern.

Schilfdorf im Bangweolo-Sumpf

Eine große Gruppe der Twa, die den Pygmäen verwandt sind, lebt zurückgezogen in den riesigen Sümpfen am Bangweolo-See im Norden Rhodesiens. Die Twa sind Fischer, Jäger und Sammler, die in Schilfhütten wohnen, umgeben von sumpfigen Gewässern, die sie auf ihren flachen Einbaum-Booten befahren.

Haus im Donau-Delta

Das Gebiet, in dem die Donau (in Rumänien) ins Schwarze Meer fließt, ist ein riesiges schilfbewachsenes Delta – ein einmaliger Lebensraum für eine artenreiche Pflanzen- und Tierwelt, vor allem für unzählige Wasservögel. Es ist ein Naturschutzgebiet, das allerdings zusehends durch geplante Ausbeutung gefährdet ist – durch die Art, wie die dortige Bevölkerung, die seit je von diesem Paradies profitiert hat, das Gebiet zu «kultivieren» und überschwemmungssicher zu machen versucht.

Dorfinsel in der Südsee

Die Bewohner dieses Pfahlbaudorfes auf einer der zahlreichen östlichen Salomon-Inseln Melanesiens leben hauptsächlich von der Fülle an Fischen, Krebsen, Muscheln und anderen eßbaren Tieren und Pflanzen, die das Meer ringsum bietet. Die Knochen, Zähne, Panzer und Schalen der Tiere werden kunstfertig zu Werkzeugen, Waffen und Schmuck verarbeitet; und daß die Salomon-Insulaner auch sehr geschickte Fischer und Bootsbauer sind, versteht sich fast von selbst.

Im Hafen von Nantucket

Nantucket, eine Stadt auf der gleichnamigen Insel an der Ostküste der USA, zw schen New York und Boston, hatte ihr Blütezeit im 18. Jahrhundert. Im Hafe lag damals die mächtigste Walfängerflott der Welt, der die Stadt ihren Reichtur verdankte. Herman Melville rühmte di Walfänger Nantuckets in seinem «Mob Dick» als die besten. Heute erinnern an dies Zeit nur noch die schönen alten Häuser (wi auf der Abbildung die Häuser am alte Nord-Kai).

Mein Geburtstag fing mit Wasservögeln an ...

Dylan Thomas

Der Traum eines Briefträgers

«Ich hatte in einem Traum einen Palast, ein Schloß oder Grotten gebaut, ich kann es nicht genau ausdrücken; aber es war so hübsch und malerisch, daß ich mich nach zehn Jahren noch daran erinnerte und ich den Traum nie aus meinem Gedächtnis hatte auswischen können. – Ich schimpfte mich selber auch einen Narren, einen Unsinnigen: ich war nicht Maurer, ich hatte nie eine Maurerkelle angerührt; Bildhauer, kannte ich den Meißel nicht; und was die Architektur betrifft, spreche ich lieber nicht davon, ich habe sie nie studiert. Ich sagte es niemandem, aus Furcht, lächerlich gemacht zu werden, und ich kam mir selber auch lächerlich vor. – Nun aber, nach fünfzehn Jahren, im Augenblick, als ich meinen Traum beinahe vergessen hatte, als ich nicht im entferntesten mehr daran dachte, da war's mein Fuß, der ihn mir wieder in Erinnerung rief. – Mein Fuß hatte sich in einem Hindernis verfangen, und ich wäre beinahe gestürzt, ich wollte wissen, was es sei: es war ein Stein von so merkwürdiger Gestalt, daß ich ihn in meine Tasche steckte, um ihn nach Belieben zu bewundern. Am folgenden Tag ging ich am gleichen Ort wieder vorbei und fand noch schönere. Ich sammelte sie zu einem Haufen und war ganz entzückt. – Es ist ein Molassegestein, vom Wasser bearbeitet und von der Witterung gehärtet, so daß es hart wird wie Kiesel. Es bildet eine so merkwürdige Skulptur, daß es dem Menschen unmöglich ist, sie nachzuahmen; es stellt verschiedenartige Tiere, verschiedenartige Karikaturen dar. – Ich sagte zu mir: Weil die Natur die Skulptur machen will, so werde ich die Maurerarbeit und die Architektur übernehmen. – Das war mein Traum. Ans Werk, sagte ich zu mir selbst...»

Ferdinand Cheval

Palais Idéal

«Zehntausend Tage – dreiundneunzigtausend Stunden – dreiunddreißig Jahre der Prüfungen. Ein Hartnäckigerer als ich mache sich ans Werk», schrieb der Landbriefträger Ferdinand Cheval 1912 auf seinen unbewohnbaren «Palais Idéal» (in Hauterives in Frankreich). Und auf seiner Schubkarre steht: «Ich bin die treue Gefährtin des intelligenten Schaffers, der täglich im Lande seinen geringen Anteil suchte» – gemeint waren die Steine für den Bau, die er auf dem täglichen Dienstweg auflas.

Palazzo Farnese in Caprarola

Der Palazzo Farnese, einer der prächtigsten Fürstensitze der italienischen Renaissance, ist ein manieristisches Kunstwerk, das der Phantasie des Architekten Giacomo da Vignola entsprungen ist. Berühmt wurde der fünfeckige Bau mit seinem kreisrunden Innenhof vor allem wegen seiner Bühneneffekte. Die raffinierteste Konstruktion ist sicherlich die Treppe mit ihrem ausgeklügelten System von Rampen und Terrassenstufen.

Ein achteckiges Haus

In den USA waren im 19. Jahrhundert architektonische Verrücktheiten, die «follies», sehr beliebt. So hatte beispielsweise das abgebildete oktagonale Wohnhaus in Irvington-on-Hudson so etwas wie eine orientalische Moschee zum Vorbild.
Eine weitere liebenswerte Spinnerei birgt das Verandageländer. Dort hat der vormalige Besitzer im fortlaufenden Muster seinen Hund «Prinz» in gußeisernen Portraits verewigen lassen.

Schloß Neuschwanstein

Als der Bayernkönig Ludwig II. 1869 sei
Schloß nach Entwürfen eines Bühnenbild
ners auf einem Felsabsturz hoch über de
Pöllatschlucht bauen ließ, schrieb er an Ri
chard Wagner: «Der Platz ist einer de
schönsten, den man sich vorstellen kann; e
ist geheiligt und er ist unzugänglich.» Di
Romantik Neuschwansteins lebt wohl nich
zuletzt davon, daß seine Geschichte so inni
mit dem tragischen Schicksal des «Märchen
königs» verbunden ist.

Küche des «Royal Pavilion»

Von dem englischen Architekten John Nash stammt nicht nur dieser detaillierte Einblick in die Vorbereitungen zu einer königlichen «dinner party» im «Royal Pavilion» zu Brighton im Jahre 1820, sondern auch die Innenarchitektur der Küche selbst. Besonders augenfällig sind die pittoresken Säulen aus Gußeisen mit Bananenblättern aus Kupfer.
(Gemalt nach einem Blatt aus John Nashs «Ansichten des königlichen Pavillons»)

Casa Milá

Die Casa Milá in Barcelona ist eine Wohn-Skulptur des berühmten Bildhauer-Architekten Antoni Gaudi, und als Mietshaus einzig in seiner Art. Der Bau hat eine Fassade aus behauenem Stein, duldet kaum gerade Linien und ist unsymmetrischen Naturformen nachgebildet. – Gaudi war bereit, seiner Architektur jedes Opfer zu bringen. 1926 wurde er, hochbetagt, einsam, besessen von Visionen, von einem Tram überfahren. – Sein Werk setzt heute noch Maßstäbe.

Wohnbauten von Eigenbrötlern und Tagträumern.

Das Wohnhaus Mark Twains

«Teils Dampfschiff, teils mittelalterliche Fe
stung, teils Kuckucksuhr», so hat man da
Wohnhaus Mark Twains beschrieben. E
selbst hat behauptet, es sei innen schöner al
alles, was er je in Europa gesehen habe. I
diesem Haus in Hartford in Connecticut, da
heute Museum ist, schrieb Mark Twain di
berühmten Romane «Tom Sawyer», «Huck
leberry Finn» und «Leben auf dem Missis
sippi».

Baracke am Stadtrand von Paris

Diese versponnene Baracke aus den zwanz
ger Jahren mag einem Trödler, Lumper
sammler oder irgendeinem anderen aus de
großen Gruppe von Außenseitern gehört ha
ben, die – früher weit mehr als heute – di
Randgebiete großer Städte bevölkerten. Di
Barackenlager zeugten vom armseligen D
sein ihrer Bewohner, aber ebensogut vo
einer «Müllpoesie», die den «ordentliche
Leuten» verschlossen blieb.

«Wildwuchernde Häuser»

In den USA blüht zur Zeit eine Art «wilde Architektur», die hierzuland schon im Keim erstickt würde. Allenfalls in den Schrebergärten lebte einmal ein wenig von dem auf, was den Wildwuchs der amerikanischen Alternativbau-Bewegung ausmacht: Man schert sich dort weder um Bauverordnungen noch um herrschende ästhetische Normen. Ob es um Material geht, um praktische Experimente oder einfach um Form- oder Farbspielereien: erlaubt ist, was in den Sinn kommt, und jeder, wie er kann. Dazu eine Geschichte: Es war ein «wilder Architekt», der schaute in den Wäldern von Woodstock nach dem besten Platz für sein Haus. An einem Hügel in einem Tal entschloß er sich, zu bleiben. Er überspannte eine Kuppel aus Rohrgeflecht mit Maschendraht, und vierzig «wilde» Kollegen halfen, das Ding irgendwie zu überziehen, und Fenster zu formen wie Froschaugen.
Jetzt steht dort ein komisches Haus in der Landschaft – bei uns hier, ein Fall für die Baupolizei.

Ein Haus als verfallene Säule

Im späten 18. Jahrhundert ließ der Aristokrat de Monville in seinem «philosophischen Park» (in Désert de Retz, nahe Paris) unter anderem ein Wohnhaus errichten, das möglichst einer verfallenen Säule gleichen sollte. Im Zentrum zog sich eine Wendeltreppe durch die drei Wohnetagen bis unters Dach. Das Personal wohnte außerhalb und hatte die «Säule» durch einen unterirdischen Gang zu betreten. Die meisten Bauten des Parks sind verfallen – nur die «verfallene Säule» nicht.

Prunkbett des Prinzen Eugen

In einem der prächtigen Kaiserzimmer d
Stifts Sankt Florian (in Österreich) steht d
Prunkbett des Prinzen Eugen. Bevor er
diesem Männerkloster vermacht hat, begle
tete es den edlen Ritter auf all seinen Feldz
gen. In diesem Bett soll er seine Schlacht
geplant und sogar Hof gehalten haben, ei
gerahmt von geschnitzten, bemalten und ve
goldeten Figuren und Szenen, die seine Sie
über die Türken versinnbildlichen.

Der goldene Schlüssel

Der Schreiner

Überall gibt's Entdecker, Erfinder,
überall gibt's Erwecker, Überwinder.
Auch von eurer Zunft wird man einst lesen:
Ist da ein junger Geselle gewesen.
Was unter Hunderten keiner fand,
schuf wie im Spiel seine glückliche Hand.
Er war ein Künstler wie irgendeiner,
er machte die Freude am Leben reiner.

Christian Morgenstern

Eine Maloka

Mit besonderer Kunstfertigkeit errichteten die Kaua-Indianer (in Nordwest-Brasilien) riesige Sippen-Häuser, in denen bis zu hundert Leute lebten. Aus mächtigen Stämmen, Pfosten und Querbalken fertigten die Männer komplizierte rechteckige Gerüste, deckten die Satteldächer mit Palmblättern und verkleideten die Wände mit Matten oder bemalten Rindenstücken. Alles, vom Gerüst bis zur Verkleidung, wurde dabei sorgsam mit Lianen verflochten und zusammengebunden.

Bauernhaus mit Lüftlmalerei

Im süddeutschen und österreichischen Alpenraum war im 18. Jahrhundert die Rokoko-Kultur so volkstümlich geworden, daß es allgemein üblich war, Bauernhäuser und andere ländliche Bauten in oft meisterhafter Fresco-Technik mit reichen Ornamenten, Stuck-Illusionen und üppigen Blumengirlanden zu bemalen und ganze Heiligenlegenden darauf abzubilden. Als eines der schönsten Beispiele dieser «Lüftlmalerei» gilt der abgebildete Jodlbauerhof in Oberbayern.

Niederländisches Backsteinhaus

Häuser wie dieses (gemalt nach einem Bild von Pieter de Hooch) waren im Holland des 17. Jahrhunderts sehr beliebt. Es ist eines jener geschmackvollen «Gartenhäuser», die den großen Stil dieser Zeit im Kleinen verkörpern.
Kontrastreich heben sich die weißen Steinpilaster, Gesimse, Kanten und Giebel vom roten Backsteingemäuer aus unverputzten, gebrannten Ziegelsteinen und vom Ziegeldach ab. Auch die Läden und die Fenstereinfassungen betonen den Wechsel von Hell zu Dunkel.
Der Blick ins Wohnzimmer eines holländischen Kleinbürgerhauses (in dem ein Mädchen von der Mutter gelaust wird) wurde ebenfalls nach Pieter de Hooch gemalt.
Der Raum wirkt bescheiden und behaglich. Das eingebaute Bett hinter dem Vorhang (daneben eine Bettpfanne zum Anwärmen), der Fliesenboden, die Holzdecke und die teils holzverkleideten, teils gekachelten Wände, all dies läßt erkennen, wie sehr man auf handwerkliche Sorgfalt Wert legte.

Englisches Fachwerkhaus

Little Moreton Hall in Cheshire ist ein gut erhaltenes ländliches Herrenhaus aus der elisabethanischen Zeit. Der gesamte Bau besteht aus einem dicht gefügten Rahmenwerk aus schwarzer Eiche. Die freien Felder sind mit weiß verputztem Mauerwerk ausgefüllt. Derart kunstreiche Fachwerkbauten waren nicht nur im England des 16. Jahrhunderts sehr beliebt, sondern – in vielen baulichen Abwandlungen – auch in Frankreich, in Skandinavien, in Deutschland und in den Niederlanden.

Ein Minangkabau-Haus

Der Baustil der Minangkabau auf Sumatra gilt als der prachtvollste in ganz Indonesien. Am augenfälligsten sind die tief durchgebogenen Dächer, die mit ihren hochaufragenden Spitzen Büffelhörner versinnbildlichen. Die Gebäude sind Familienhäuser, die aus einem Haupthaus und mehreren, oft treppenartig ansteigenden Anbauten bestehen. Die hölzernen Wände sind meist über und über mit geschnitzten, in lebhaften Farben bemalten Blumen- und Blattornamenten verziert.

Kunstfertige Behausungen aus Lehm, Gras, Schilf, Stein, Holz, Rinde und Papier.

Ein Grashaus

Die Ackerbau treibenden Caddo-Indianer der südlichen Prärie wohnten in Gras-Kuppelhäusern, die – wie bei fast allen Indianern Nordamerikas – von den Frauen errichtet wurden. Sie bogen Gerüststangen über dem Feuer, stellten sie zu einer spitz zulaufenden Kuppel zusammen, befestigten in dichten Abständen ringsum Weidenruten, banden daran in dicken Schichten Präriegras fest und ließen nur oben über der zentralen Feuerstelle ein Rauchloch frei.

«Granatenhütten» aus Lehm

Unvergleichlich in ihrer Art sind die getöpferten Lehmbauten der Musgu in Nord-Kamerun. Die formschönen «Granatenhütten» werden aus einem Gemisch aus Lehm, Häcksel und Wasser mit der Hand geformt und – trotz einer Höhe von bis zu acht Metern – ganz ohne Gerüst gebaut. Über hervortretende Ornamente, welche die gesamte Oberfläche verzieren, gelangt man bis zur Spitze der Hütte. Von dort aus fällt durch eine runde Öffnung Licht in das Innere, ebenso durch den Eingang.

Japanisches Wohnhaus

Die Katsura-Villa in Kyoto (aus dem 17 Jahrhundert) wurde nicht als kaiserliche Wohnsitz berühmt, sondern als Meister werk einer «Vollkommenheit der schlichte Form» – und sie erfüllt dieses Prinzi japanischer Wohnbautradition so vorbild lich, daß sie heute noch für einheimisch und auch für westliche Architekten rich tungweisend ist.
In einem Gebiet, das ständig von Natur katastrophen bedroht ist (wie etwa Erdbe ben), gelang es den traditionellen japanische Handwerkern, Material, Form und Kon struktion in Einklang zu bringen und hohe bautechnischen wie künstlerischen Ansprü chen gleichermaßen zu genügen. Vor allen Holz wurde nach Art und Wuchs so be handelt, daß es ohne Nagel, Leim oder An strich verarbeitet werden konnte.
Die typische Leichtigkeit und Wandelbarke japanischer Häuser wurde vor allem durc die (auf der Abbildung gut erkennbaren papierbespannten Holzgitter erreicht, di als Fenster, Türen oder Schiebewänd dienten.

Mesopotamisches Schilfhaus

Im Überschwemmungsgebiet von Euphra und Tigris errichten die Marschland-Ar ber eindrucksvolle Tonnengewölbebaute noch genauso wie die Sumerer vor fün tausend Jahren. Alles an diesen Häuser ist aus Schilf, selbst die künstlich aufg schütteten Inseln, auf denen sie stehen.
Hohes Schilfrohr wird zu Säulen gebün delt, die in gleichen Abständen in zw gegenüberliegenden Reihen im Boden ve ankert, oben zu tragenden Bögen gebu den und durch dicht übereinanderliegen dünnere Bündel verstrebt werden. Das s entstandene Tonnengewölbe wird mit ein Matte bedeckt, und auch die Front- un die Rückseite werden mit Matten u teils lichtdurchlässigen Rohrgeflechten ve schlossen.
Die Art dieser Schilf-Architektur, nicht z letzt das von Säulen flankierte Portal und d übrigen Außensäulen, verleihen dem Ba werk fast etwas Feierliches. Die Innenräu erinnern an leere Kathedralen, besonder wenn sie (wie in dem abgebildeten Versamm lungsraum) nur mit Teppichen ausgestatt sind.

Das Werk lobt den Meister

Wie man in die verbotene Scheune guckt

An einem schönen Herbsttag ging ein Wanderer durch Wald und Feld. Als es Abend wurde und er sich nach einer Herberge für die Nacht umsah, sah er am Ende eines Feldes ein Licht, ging hin und bat um ein Nachtlager. In diesem großen Haus mit seinen vier Scheunen lebte ein junges Mädchen. Sie empfing ihn freundlich, führte ihn ins Hauptzimmer und bewirtete ihn. Danach sagte sie zu ihm: «Ich gehe jetzt aus, um noch etwas zu erledigen. Du darfst in alle Scheunen hineingucken, nur in die rechte nicht.»

Nach einiger Zeit wurde es dem Wanderer zu langweilig, und er machte die linke Scheune auf. Er sah den Sommer und das Meer. In der nächsten sah er den Herbst und in der dritten den kalten Winter auf dem Lande. Nun konnte er seine Neugier nicht weiter zügeln, und machte trotz des Verbotes die vierte Tür auf. Drinnen stand ein Pflaumenbaum, auf dessen Zweigen eine Grasmücke saß und sang. Überrascht hörte sie auf zu singen. Der Wanderer wollte schnell wieder hinaus, doch da wurde er angesprochen, und das Mädchen stand neben ihm. Traurig sagte sie: «Warum hast du gegen mein Verbot gehandelt? Jetzt, da du mich erkannt hast und mein eigentliches Wesen kennst, darf ich nicht mehr fröhlich in der Scheune singen.» Kaum hatte sie dies gesagt, verwandelte sie sich in die Gestalt der Grasmücke und flog davon. Und im gleichen Augenblick verschwand das Haus mit den vier Scheunen und der Wanderer fand sich allein auf dem Feld, so als hätte es dies alles nicht gegeben.

Japanisches Märchen

Wunderliche Wohnstätten und seltsame Wohnhäuser.

Ein Leuchtturm

Trotz Funk und Radar haftet Leuchttürmen noch immer etwas Mythisches an, erinnern sie an ihre dramatische Geschichte, die zugleich die Geschichte eines andauernden Kampfes mit den Elementen war. Unzählige Märchen und Sagen, in denen es «nicht mit rechten Dingen zugeht«, ließen Leuchttürme und Leuchtturmwärter schließlich selbst zur Legende werden. Selbst in dem fast gemütlich dastehenden Leuchtturm von Westerhever (in Schleswig-Holstein) kann man von all dem noch etwas erkennen.

Masai-Frauen vor ihren Hütten

Von dem schlundartigen Eingang, diesem schwarzen Loch, geht fast so etwas wie ein Sog aus, der durch die Art, wie die lederbekleideten Masai-Frauen daneben gruppiert sind, noch verstärkt wird.

Die Hütten der Masai werden von den Frauen gebaut. Es sind tonnenkuppelförmige Holzgerippe, die mit frischem Kuhdung überstrichen werden, und jeder erwachsene Masai – ob Mann oder Frau – bewohnt seine eigene Hütte.

Haus am Waldbach

Dieses strohgedeckte friesische Hallenhaus mit dem großen, oben aufsitzenden Taubenhaus wurde nach einem Bild von Jan Breughel (dem Älteren) gemalt, das auf seltsame Weise märchenhaft wirkt. Von dem Bild geht eine merkwürdig versonnene Ruhe aus, obwohl das Haus eher kauzig ist.

Zugleich ist es ein Dokument aus dem Flandern des 16. Jahrhunderts, für eine Art von Häusern, die längst verschwunden sind.

Die Höhlenburg von Predjama

In der Höhle von Predjama in Slowenien, in der heute das abgebildete Schloß liegt, stand früher die Höhlenburg des berüchtigten Raubritters Erasmus Lueger. Durch einen geheimen Höhlengang quer durch den Berg konnte er sein «Felsennest» über dem steilen Abgrund mit Lebensmitteln versorgen. So glaubte er jeder Belagerung trotzen zu können, bis ihn schließlich sein Schicksal ereilte und er samt seiner Felsenburg umkam – durch Verrat seines eigenen Leibdieners.

Burghaus der Somba

Die Häuser der Somba in Nord-Dahomey (in Westafrika) gleichen kleinen Burgfestungen. Die massiven Türme und Mauern ihrer Lehmburgen verwahren sich gegen jegliche Zudringlichkeit und auch gegen bösen Zauber, der durch magische Zeichen auf den Mauern, vor allem rings um den hochliegenden Eingang, gebannt wird.

Ein Waldhaus

Es hat sich wohl jeder schon einmal gewünscht, fernab von der Welt, möglichst mitten im Wald, ein Holzhaus, ein Hexenhaus, eine Einsiedlerklause zu haben, umgeben von dichten Bäumen und hohem Farn, in vertrauter Zwiesprache mit Tieren und Pflanzen.

In einem Wald in Kalifornien hat jemand versucht, sich diesen Wunsch zu erfüllen.

Bauernhaus im Lot-Tal

Dieses bäuerliche Anwesen wäre fast eine Idylle, stünde nicht der verliesartige Turm dabei. Es ist ein Taubenturm (zumindest im oberen Teil), wie er in vielen Abwandlungen an traditionellen Bauernhäusern im Umkreis des Lot-Tals in Frankreich zu finden ist.

Der abgebildete Bau wirkt seltsam, weil er aus drei grundverschiedenen Anbauten besteht: links ein einfaches mediterranes Haus, der Mittelteil fast im Stil eines Gutshauses und rechts der «Festungsturm».

La Malcontenta

Die Villa Foscari wurde um 1650 von Andrea Palladio nahe Venedig am Ufer der Brenta erbaut. Man nennt sie auch «La Malcontenta» (Die Unzufriedene), denn der Legende nach soll eine leichtsinnige Tochter der Familie Foscari dem freudenreichen Leben in Venedig entrissen und dorthin verbannt worden sein. Tatsächlich aber hat die nebelige Gegend schon lange vor dem Bau der Villa so geheißen.

Bockmühle und Galgenvogel

Die in schwindelnder Höhe aufgebockte Windmühle, darunter die winzige, kaum erkennbare Gestalt des Müllers, der sich am Felsen festhält; die Fernsterlöcher, die wie engstehende Augen im hohlen Felsen liegen, der Galgenvogel im Baum; der Himmel und das Licht, wie vor einem Gewitter – in al dem liegt etwas Unbegreifliches, Unheil volles. Es ist der Hintergrund des «Aufstiegs zum Kalvarienberg» (dem Kreuzigungsor Christi), einem Bild von Pieter Breughel dem Älteren.

Alte westfälische Wassermühle

Von alters her wurden die Wassermühlen – im Guten wie im Bösen – besungen, ge malt und beschrieben. In unzähligen Namen und Redensarten, Märchen und Geschichten haben sie überlebt, auch wenn sie selbst so gut wie verschwunden sind.

Eine besonders eindrucksvolle Darstellung aus der Zeit der schaurig-schönen Mühlen romantik ist dem Maler Andreas Achenbach mit dem Bild einer westfälischen Mühle ge lungen, das hier als Malvorlage diente.

Haus Aussel

Haus Aussel wirkt weder bewohnt noch verlassen. Es erinnert an die ernsten, ge heimnisvollen und verwunschenen Orte wie sie in Märchen und Sagen beschrieben sind. Das Haus, mit einem vom Alter ge zeichneten Backsteingemäuer im Holz rahmenwerk, mit strengen Fenstern in vor kragenden Geschossen und schiefen Er kern, liegt zwischen Bäumen und Büschen an einem bewachsenen Teich. – Haus Aussel in Westfalen ist eine der wenigen noch er haltenen Fachwerkburgen in Deutschland.

Haus in den «Schwarzen Bergen»

Das uralte, schiefe Bauernhaus mit seinen buckligen Mauern wirkt finster und ver schlossen, fast unheimlich – ein «böse Haus». Es steht im Südwesten von Frank reich im Gebiet der «Montagne-Noire» (i der Nähe der «Schwarzen Berge»).

Das ferne Licht

Das buntscheckige Hühnchen

Es lebten einmal ein Mann und eine Frau,
Die hatten ein buntscheckiges Hühnchen.
Das Hühnchen, das legte mal ein Ei:
Ganz bunt, ganz spitz, ganz knöchern, ganz verzwickt.
Es legte das Ei in einen Espenkorb,
In der Ecke unter der Bank.
Da lief ein Mäuschen vorbei, zuckte mit dem Schwänzchen
Und brach das Ei entzwei.
Über dieses Ei fing der Mann zu weinen an,
Die Frau zu schluchzen, die Türpfosten zu lachen,
Die Hühner zu flattern, das Tor zu knarren,
Der Kehricht an der Schwelle wirbelte hoch,
Die Türen wölbten sich, der Flechtzaun fiel auseinander,
Das ganze Hausdach fing zu schwanken an...
Das buntscheckige Hühnchen aber spricht zu ihnen:
«Weine nicht, Alter, schluchze nicht, Alte,
Ihr Hühner, flattert nicht,
Knarre nicht, Tor, du, Kehricht an der Schwelle,
Wirble nicht hoch,
Falle nicht auseinander, Flechtzaun,
Und du, Hausdach, schwanke nicht –
Ich werde euch legen ein neues Ei:
Ganz bunt, ganz spitz, ganz knöchern, ganz verzwickt,
Kein gewöhnliches Ei, nein – ein goldenes!»

Russisches Märchen

Ein Bauernhaus in der Ukraine

Zu diesem kleinen Bauernhof gehören eine Kuh, ein Kalb, zwei Schweine, drei Bienenkörbe, ein Hund, viele Hühner, neun Bäume, ein Gemüsegärtchen und ein kleines Maisfeld.
Während der Bauer und die Bäuerin tagsüber in der umliegenden Kolchose arbeiten, kümmern sich die Großeltern um die Kinder, die Tiere, den Haushalt und den Garten.

Bauerngarten im Emmental

Diesem Emmentaler Bauerngarten sieht man auf einen Blick an, daß Nutzen und Zierde, Erwerb und Genuß noch eins sind. Der Blumen-, Gemüse- und Obstgarten, das Haus und die Landschaft stehen in gutem Einklang, was übrigens in der Schweiz nicht selten ist. Dort trifft man noch häufig auf ein Bauerntum, das es traditionsreich versteht, Haus, Hof und Garten geschmackvoll zu pflegen und zu schmücken.

Erdhaus der Missouri-Indianer

Noch im vorigen Jahrhundert lebten halbseßhafte Indianerstämme am Missouri und seinen Nebenläufen in Winter- und Sommerdörfern aus großen, runden Erdhäusern, die von weitem wie Hügel aussahen.
Ein solches Erdhaus beherbergte einen ganzen Verwandtschaftskreis (mit bis zu vierzig Leuten) samt Hunden und Pferden.
Natürlich liefen die Pferde nicht frei im Haus herum, sondern hatten ihren Platz gleich neben dem Eingang – allerdings nur durch ein einfaches Holzgestänge vom übrigen Wohnraum getrennt. So waren sie am besten vor Kälte und vor Dieben geschützt.
Die Indianer hatten ihre Familien-Schlafplätze auf einer breiten, mit Pelzen belegten Bank entlang der Wand, oder (wie die Mandan) in geräumigen Fell-Schlafkästen. In der Mitte des Raumes lag die gemeinsame Feuerstelle.

(Abbildung eines Pawnee-Dorfes; darunter: das Leben im Inneren eines Mandan-Erdhauses, nach einem Bild von Karl Bodmer)

Ein chinesischer Wohnhof

Der kleine Wohnhof mit dem üppigen Garten gehört zu einem der traditionellen Innenhofhäuser, wie es sie zum Beispiel in Peking heute noch gibt. Niedrige Wohn- und Wirtschaftsgebäude gruppieren sich um einen oder mehrere Innenhöfe, die sehr sorgfältig eingerichtet und bepflanzt werden. Die gesamte Wohnhofanlage ist ringsum durch Mauern von der Außenwelt abgeschieden.

Oak Alley

Oak Alley, ein prächtiges Herrenhaus in Louisiana, stammt noch aus der Zeit vor dem amerikanischen Bürgerkrieg. Der Landsitz selbst wäre aber längst nicht so eindrucksvoll, stünde dort nicht eine weithin berühmte Eichenallee, die um 1690, lange bevor das Haus stand, von einem Franzosen gepflanzt worden sein soll.
Im Laufe der Zeit haben die Eichen ein mächtiges, dichtes Gewölbe gebildet, das einige hundert Meter vom Haus bis zum Ufer des Mississippi reicht.

Gemeinsame Wohnstätten für Mensch und Tier sowie Wohnungen von Pflanzenliebhabern und Gartenkünstlern.

Windschirm der «Geister der gelben Blätter»

Die Yumbri gibt es nur noch in wenigen kleinen Horden im Bambusdschungel Nordost-Thailands.
Wer immer noch Menschen «hochentwikkelt» und Tiere «primitiv» nennt, für den leben die Yumbri «wie die Tiere». Denn die «Geister der gelben Blätter» streifen – ziellos! – umher, schlafen in nestartigen Behausungen und ernähren sich von Blättern, Knollen, Früchten und Kriechtieren.

Zelt aus Birkenrinde und Rentierhaut

Die Tungusen in der ostsibirischen Tundra mußten sich wohl oder übel der Lebensweise ihrer Rentiere anpassen. Denn Rentiere ziehen – ganz gleich, ob zahm oder wildlebend – jahraus jahrein zwischen Norden und Süden, kühlen Höhen und Niederungen umher. Und die Tungusen, die in runden Zelten aus Stangengerüsten, Rentierhäuten und Birkenrinde nächtigten, zogen stets mit ihnen.

Ein Shabono

Mitten im Urwald Süd-Venezuelas leben di Yanomami-Indianer in ihren Shabonos. Da sind Rundddörfer, die dadurch entstehen, da Familien ihre «Pultdächer» schützend un einen Platz gruppieren. Einziges Haustier is der Hund, aber die Yanomami nehmen sic vielerlei Tiere an: Papageien, Agutis, Affen Tukane oder – wie auf dem Bild zu sehen – ei Tamandua-Baby, das wie ein Kind gesäug wird. Einmal aufgenommen, gehört jeder zu Dorfgemeinschaft – gleichgültig, ob Mensc oder Tier.

Compton Wynyates

Compton Wynyates in Warwickshire (ir England) ist ein sehr ausgefallenes Land schloß. Der vielgestaltige, betont unsymme trische rosarote Backsteinbau aus der Tudor zeit liegt in einem ruhigen Tal, umgeben vor hellgrünen Viehweiden und dunkel bewalde ten Hängen. Einen schroffen Gegensatz dazu bildet ein streng gegliederter Figurengarten mit akkurat geometrisch oder zu Tierformen zugeschnittenen Buchsbäumen.

Niederdeutsches Hallenhaus

Das traditionelle niederdeutsche Bauernhau ist ein Einhaus, in dem Wohnung, Stallun gen, Speicher und Scheunen langgestreck unter einem riesigen Dach liegen.
Durch ein großes Einfahrtstor gelangt man in eine hallenartige Diele, die eher wie ei überdachter Innenhof anmutet. Gegenübe dem Tor, vorbei an den Ställen und Spei chern zu beiden Seiten, verbreitert sich di Diele zum «Flett», dem Küchenraum und zu gleich offenen Zentrum des Hauses. Nur di Wohnstuben, Kammern und Alkoven hinte dem Küchenraum liegen für sich abgeschie den.
Ansonsten kann vom Herd aus das ganz Alltagsgetriebe überschaut werden, denn s geschlossen das Anwesen nach außen hin ist so offen wirkt es im Innern – wie ein einzige Raum, in dem Menschen und Tiere beisam men sind.

Die Blume sagt zur mir: Grüß Gott!
Der Vogel flüstert: Guten Tag!

Jean Arthur Rimbaud

Als die Häuser noch lebendig waren

Als das Licht auf die Erde gekommen war, lebten die Menschen genauso wie jetzt. Sie lebten von der Jagd auf Wild und wählten sich mit Vorliebe Plätze, wo ein Überfluß an Wild war. Damals war es viel leichter, sich von einem Platz zum andern zu bewegen; denn jedes Haus hatte seinen eigenen Hausgeist, der, wenn die Hausbewohner es wünschten, das ganze Haus mit all seinen Leuten und all seinem Hausrat zu dem Platz brachte, auf dem sie gern sein wollten. Und davon erzählt diese Geschichte:

Eines Nachts erhob sich ein Haus plötzlich von seinem Boden und begann durch die Luft zu fliegen. Es war dunkel, und es wird erzählt, daß ein Sausen und Brausen zu hören war, als es durch die Luft flog. Das Haus hatte noch nicht sein Ziel erreicht, als seine Bewohner es auch schon baten, anzuhalten. Und das Haus hielt auch an.

Sie hatten keinen Tran, als sie anhielten. Daher nahmen sie nach ihrer Landung weichen, frischen Treibschnee und legten ihn in ihre Lampen. Und er brannte. Sie waren bei einem Wohnplatz gelandet. Ein Mann kam in ihr Haus und sagte: «Sieh einmal an, sie brennen Schnee in ihren Lampen. Schnee kann brennen.»

Aber im selben Augenblick, als diese Worte geäußert wurden, ging die Lampe aus.

Dies geschah in jenen Tagen, als die Häuser Geister hatten und lebendig waren und mit allen Leuten darin von einem Jagdrevier ins andere fliegen konnten. In jenen Tagen konnten die Leute, die auf Jagdzügen waren, auch weichen, frischen Treibschnee in ihren Lampen brennen.

Eskimo-Märchen aus Kanada

Zelte, Schutzdächer und Windschirme.

Tipi der Dakota-Indianer

Wie die meisten Büffel jagenden Nomadenstämme der Prärie-Indianer lebten die Dakota in kegelförmigen Lederzelten, den Tipis, die von Indianerinnen angefertigt und errichtet wurden. Über mindestens drei lange, oben zusammengebundene Zeltstangen wurde ein aus gegerbten Büffelhäuten genähter Überzug um das Stangengerüst gelegt und so zusammengesteckt, daß oben zwei Klappen für den Rauchabzug und unten eine Eingangsöffnung frei blieben. Die Lederdecke wurde am Boden festgepflockt; weitere Zeltstangen sorgten für Halt und für die runde Form der Tipis.
Innen bedeckten Felle die Erde, und in einer Mulde in der Mitte des Zeltes war der Feuerplatz.
Wurde das Zeltlager verlegt, verwandelten sich die Tipis in «fliegende Hütten»: Aus den Zeltstangen wurden mit Querhölzern Traggestelle für die Zeltdecken und anderes Gepäck geschnürt. In früherer Zeit schleiften Hunde diese Gestelle, später wurden sie an die Packsättel von Pferden gebunden.

Ein Iglu

Iglus nennen die Eskimos ihre Schneehütten, die ihnen unterwegs und bei der Jagd als vorübergehende Unterkunft dienten und den Zentral-Eskimos sogar als behagliche Winterwohnung.
Einen Iglu konnten die Männer in ein bis zwei Stunden bauen. Sie legten Schneeblöcke in einer ansteigenden Spirale aufeinander – immer stärker einwärts geneigt –, bis die Kuppel geschlossen war. Die Fugen stopften sie mit Schnee aus und bauten einen durchsichtigen Eisblock als Fenster ein. Oft wurden kleinere Schneehütten für Vorräte und für Schlittenhunde dem Hauptbau vorgelagert.
Im Innern bauten die Eskimos an der Rückseite aus Schneeblöcken eine breite Schlaf- und Sitzbank, die mit Matten und Fellen belegt wurde. Schmale Seitenbänke dienten zum Aufstellen von Haushaltsgegenständen. Der wichtigste davon war die Tranlampe, die Kochstelle, Beleuchtung und Heizung zugleich war. Zwar brachte die Wärme die Schneeoberfläche zum Schmelzen, aber ein Luftloch sorgte dafür, daß die wäßrig gewordene Innenwand stets vereisen konnte.

Mattenzelt der Aïr-Tuareg

Die Tuareg des Aïr-Hochlands in der südlichen Sahara bedecken ihre Zeltgerüste mit Matten, die von den Frauen aus den Fasern der Dumpalmen-Blätter geflochten werden. Das Gerüst besteht aus biegsamen Holzstangen, die kreisförmig in den Sand gesteckt und zu einer Halbkugel zusammengebunden werden. Darunter steht ein breites, zerlegbares Bett, an dessen Kopfende, gegenüber dem Eingang, zwei geschnitzte Astgabeln als Ablage für Decken und Kleider stecken.

Kirgisen-Jurte

Noch um die Jahrhundertwende lebte ein Großteil der Kirgisen – wie alle Hirtennomaden der zentralasiatischen Kältegebiete – in Jurten. Diese runden Wohnzelte sind weit mehr als nur wirksamer und leicht transportabler Witterungsschutz. Es sind geräumige, auch bei großer Kälte behagliche und oft prächtige Behausungen.
Bewegliche Scherengitter aus Holz werden im Kreis aufgestellt und zahlreiche Dachstäbe in den Gitterrand eingebunden, die oben in einen kuppelförmig verstrebten Dachreifen gesteckt werden. Die Kuppel wird nach Bedarf bedeckt oder als Rauchabzug offengelassen. Je nach Witterung wird das Gerüst mehr oder weniger dick mit Filzdecken belegt (die bei Hitze auch hochgerollt werden können) und die Jurte mit langen Gurten umspannt. Ein nach Mekka ausgerichteter, kompakt in das Gitter gebundener Türrahmen trägt häufig einen verzierten Filzbehang; manchmal geschnitzte Holztüren.
Das Innere der Jurte ist mit bunten Matten und Teppichen ausgelegt und mit kunstvoll verzierten Behängen und Wandverkleidungen ausgeschmückt. In der Mitte ist die Feuerstelle. An den Scherengittern hängen Kleider, Musikinstrumente und allerlei Gerätschaften; entlang der Wand sind Kleinmöbel, Truhen, Decken, Kissen, Bettlager und in einem mit Matten abgetrennten Teil die Küchenausrüstung.
Ziehen die Kirgisen mit ihren Kamel-, Schaf-, Ziegen-, Pferde- oder (im Hochgebirge) Yakherden zu den Winter- oder Sommerweideplätzen, so transportieren sie auf ihren Lasttieren mit ihrem gesamten Hab und Gut auch ihre Jurten samt (zusammengeschobenen) Scherengittern, Türen, Dachstäben und -reifen.

Ein Windschirm

Den Aëta, die im tropischen Urwald «von der Hand in den Mund leben», genügt ein einfacher, rechteckiger, aus Palmblättern geflochtener Windschirm als Behausung. In der unwegsamen Gebirgswildnis der großen Philippineninseln halten einige wenige Gruppen dieser Negritos noch an ihrer Lebensweise fest. Sie sammeln Waldfrüchte, fischen und jagen und wandern weiter, sobald sie nichts Eßbares mehr finden. Ständig umherstreifend, lassen sie – anders als die Hirtennomaden – ihre Behausungen zurück.

Eine «Woodstock-Jurte»

Hier hat sich jemand heutzutage beim Bau seiner Traumwohnung auf die Jurte berufen. Allerdings wandert ihr Bewohner nicht mit den Jahreszeiten – er hat keine Herden, denen er zum Sommer- oder Winterweideplatz folgen muß –, sondern bleibt an Ort und Stelle. Deshalb ist seine «Jurte» in Woodstock (USA) fest auf Steinen und Pfählen errichtet. Sie besteht aus einem Gerüst von kaltgeschmiedeten Leitungsrohren, überspannt mit handgenähtem Segeltuch.

Beduinenzelt

Die Beduinen – nomadische Kamelzüchter in den Wüstengebieten Arabiens – wohnen in rechteckigen Zelten aus gewebten Ziegenhaardecken, die über mehrere Reihen von Tragstangen gebreitet, mit Stricken festgebunden und am Erdboden festgepflockt werden. Eine Stoffwand teilt das Innere in einen Aufenthaltsraum für die Frauen, Küche und Schlafraum und in einen öffentlichen Empfangsraum. Auf Lastkamelen wird das zusammengelegte Zelt samt Hausrat zum nächsten Weideplatz befördert.

«Bienenkorbhütte» der Pygmäen

Die Behausung der Pygmäen in Zentralafrika entspricht ihrer nomadischen Lebensweise im feuchtwarmen Tropenwald. Als Jäger und Sammler schaffen sie sich keine Vorräte und kaum Hausrat an. Die Männer jagen, die Frauen sammeln Früchte und Knollen, Schnecken, Frösche und anderes Kleingetier; sie errichten auch die Hütten, indem sie biegsame Äste in die Erde stecken, die sie bienenkorbförmig verflechten und mit Blättern belegen. Mehrere Familien einer Sippe gruppieren ihre Hütten um einen Lagerplatz.

Schließet den Raum!
Schließet die Tasche des Känguruhs!
Dort ist es warm.

Maurice Blanchard

Das schönste an meinem Bau ist aber seine Stille. Freilich, sie ist trügerisch. Plötzlich einmal kann sie unterbrochen werden und alles ist zu Ende. Vorläufig aber ist sie noch da. Stundenlang kann ich durch meine Gänge schleichen und höre nichts als manchmal das Rascheln irgendeines Kleintieres, das ich dann gleich auch zwischen meinen Zähnen zur Ruhe bringe, oder das Rieseln der Erde, das mir die Notwendigkeit irgendeiner Ausbesserung anzeigt; sonst ist es still. Die Waldluft weht herein, es ist gleichzeitig warm und kühl. Manchmal strecke ich mich aus und drehe mich in dem Gang rundum vor Behagen. Schön ist es für das nahende Alter, einen solchen Bau zu haben, sich unter Dach gebracht zu haben, wenn der Herbst beginnt. Alle hundert Meter habe ich die Gänge zu kleinen runden Plätzen erweitert, dort kann ich mich bequem zusammenrollen, mich an mir wärmen und ruhen. Dort schlafe ich den süßen Schlaf des Friedens, des beruhigten Verlangens, des erreichten Zieles des Hausbesitzes. Ich weiß nicht, ob es eine Gewohnheit aus alten Zeiten ist oder ob doch die Gefahren auch dieses Hauses stark genug sind, mich zu wecken: regelmäßig von Zeit zu Zeit schrecke ich auf aus tiefem Schlaf und lausche, lausche in die Stille, die hier unverändert herrscht bei Tag und Nacht, lächle beruhigt und sinke mit gelösten Gliedern in noch tieferen Schlaf. Arme Wanderer ohne Haus, auf Landstraßen, in Wäldern, bestenfalls verkrochen in einen Blätterhaufen oder in einem Rudel der Genossen, ausgeliefert allem Verderben des Himmels und der Erde! Ich liege hier auf einem allseits gesicherten Platz – mehr als fünfzig solcher Art gibt es in meinem Bau – und zwischen Hindämmern und bewußtlosem Schlaf vergehen mir die Stunden, die ich nach meinem Belieben dafür wähle.

Der Bau *Franz Kafka*

Ein Baum-Versteck

In Kalifornien hat ein Junge sein Haus in einem Baumversteck, das selber einen Baum versteckt – besser gesagt, einen großen Baumstumpf, auf dem sein Bett steht.

Lehmkuppelhäuser in Kurdistan

Von weitem muten Ansammlungen solcher Kuppelbauten wie vorgeschichtliche Steinhügellandschaften mit großen, dunklen Schlupflöchern an – und in der Tat zählen die Lehm- oder Steinkuppelbauten zu den ältesten Bauformen.
Die abgebildeten Wohnhäuser, deren «falsche», aus sonnengetrockneten Lehmziegeln erbaute Kuppeln auf Steinkränzen ruhen, waren in Kurdistan noch um die Jahrhundertwende bewohnt.

Höhlenwohnungen in Kappadozien

Das Tal von Kappadozien (in der Türkei) mit seinen seltsamen kegelförmigen Tuffsteinbergen ist das Werk einer jahrtausendelangen Erosion der Lavaschichten, die in grauer Vorzeit vom «Feuerberg» Erciyas ausgespien wurden.
Christen, die im frühen Mittelalter vor islamischen Eroberern dorthin geflohen waren, hatten bemerkt, daß sich der weiche Tuffstein sogar mit dem Messer ausschneiden ließ, und sie verwandelten die Felsen in gut getarnte unterirdische Fluchtburgen.
Heute dagegen ist schon von weitem zu sehen, daß die Felskegel wie mehrstöckige Häuser bewohnt werden. Besonders auffällig sind die großen, nach außen hin offen in den Fels geschnittenen Terrassenvorräume, hinter denen Wohnräume, Küchen und Vorratskammern liegen. Wie Bildhauer modellierten die Bewohner ihre Wohnanlagen samt Nischen und Sitzbänken, verzweigten Schlupfgängen und Treppen, Türen, Fenstern und Lichtschächten in das Gestein.

Erdgrubenhaus in der Donauebene

In der rumänischen Donauebene wohnten um die Jahrhundertwende noch viele Menschen in Erdgrubenhäusern, die auf älteste Zeiten zurückgingen. Sie sahen aus wie in den Boden gesunkene Häuser, und tatsächlich lagen die Wohnräume unter der Erde. Es gab zwar nur winzige Oberlichter, aber die Zimmer wirkten keineswegs düster, weil sie stets frisch geweißt und freundlich eingerichtet waren.

Torfhütte der Küsten-Lappen

Noch um das Jahr 1900 verbrachten die Küsten-Lappen im norwegischen Finnmarken die langen Winter in Torfhütten. Im Herbst gaben sie die Küstenfischerei auf und zogen zu ihren Rentierherden landeinwärts in geschützte Niederungen.
Dort hoben sie Erdgruben aus, die sie mit einer Konstruktion aus Krummstangen, dichtgestellten Hölzern, Querlatten und mit Birkenrinde, Erde und Grastorf überdeckten. Licht gaben nur das Feuer und die Rauchöffnung darüber.

Höhlen- und Grubenwohnungen, Erdhütten und andere Schlupfwinkel.

Wildwood

«Wildwood» liegt am Fuße des Aspen Mountain an einem versumpften Teich (in Colorado). Es ist genau genommen kein Wohnbau (wenn auch als solcher durchaus nachahmenswert), sondern eine «Umwelt-Vorschule» für Kinder. Im Bau und seiner Umgebung lernen sie beim Spielen ihre «natürliche Umwelt» verstehen, sei es in einem «Kaninchenbau für Kinder» oder an einem abgenagten Biber-Baum, der ihnen sagt, «daß sie hier nicht die ersten waren».

Ein «Erd-Reich»

Dieses Wohngebilde ähnelt ein wenig den Erdwohnungen der Westeskimo. Doch haben die Eigentümer – wie es sich für «wilde Architekten» der «Alternativbewegung» gehört – ihren Bau ganz ohne Plan oder Vorbild spontan erschaffen. In Neu-Mexiko gruben sie ein Riesenloch, schleppten Steine und Espenstämme heran und mischten Adobe (Lehm und Stroh). Und weil ihr «Erd-Reich» ein «Teil der Natur» sein sollte, wuchs es «einfach so terrassenförmig in die Erde».

Höhlenhaus im Tal der Loire

An den Ufern der Loire und ihren Nebenläufen (in Frankreich) trifft man auf sehr ungewöhnliche Höhlenwohnungen – teils an Orten, die schon in der Altsteinzeit bewohnt waren.
Die in den weichen Tuffstein gehauenen Wohnanlagen sind bei weitem keine Elends- oder Notquartiere, sondern komfortable Felsenhäuser mit gediegenen, oft herrschaftlichen Fassaden (wie die Abbildung zeigt).

Höhlenwohnungen in Matmata

Fremde waren beim Anblick der verstreut in einer hügeligen Landschaft liegenden Krater nicht selten verblüfft, daß dies Matmata sein sollte, eine Stadt im Süden Tunesiens. Im freien Gelände tauchten urplötzlich Leute auf oder verschwanden «wie vom Erdboden verschluckt».
Tatsächlich ist Matmata eine unterirdische Stadt. Die «Krater» sind, näher besehen, bis zu zehn Meter tiefe Lichtschächte, die zugleich die zentralen Innenhöfe sind. Vom Hof aus wurden, ringsum und meist zweistöckig, weitläufige Höhlenanlagen in den lößähnlichen Sandstein getrieben. Es gab Wohn- und Schlafräume, Küchennischen, Vorratskammern und Ställe sowie einen Vorhof, von dem aus ein langer, schräg ansteigender Gang (hoch genug für Kamele) ins Freie führte.
Die gesamte Anlage beherbergte mehrere verwandte Familien, und im gemeinsamen Innenhof, dem einzigen Ort mit Tageslicht, hielt man sich hauptsächlich auf. Dort wurde gekocht und gegessen und die übrige häusliche Arbeit verrichtet. In die Wohn- und Schlafräume mit ihren gut geglätteten und verzierten Wänden, Nischen und gewölbten Decken zog man sich des Nachts und bei Regen zurück.
Heute ist die alte Berber-Höhlenstadt Matmata nur noch spärlich bewohnt.

Ich sehe was, was du nicht siehst ...

Als er das erstemal die elftausend Stufen seines Turmes hinaufstieg und hinunterschaute, erreichte sein Stolz den Gipfel. Die Menschen erschienen ihm wie Ameisen, die Berge wie Schneckenhäuser und die Städte wie Bienenkörbe. Die Vorstellung, die diese Höhe ihm von seiner eigenen Größe gab, verdrehte ihm vollends den Kopf. Schon wollte er sich selbst anbeten, als er die Augen erhob und sah, daß die Sterne noch ebensoweit von ihm entfernt waren, wie da er auf der Erde stand. Das neuerliche Gefühl der eigenen Kleinheit schreckte ihn nicht so sehr, da er bedachte, daß er in den Augen der andern doch groß wäre und daß das Licht seines Geistes dasjenige seiner Augen übertreffe; er wollte aus den Sternen sein Schicksal lesen.
Zu diesem Zwecke verbrachte er die meisten Nächte oben auf seinem Turm, glaubte sich in die astrologischen Geheimnisse eingeweiht und bildete sich ein, daß die Planeten ihm die wunderbarsten Abenteuer voraussagten.

Vathek *William Beckford*

«Judenturm» in Franken

Der «Judenturm» steht «in der Höll'» in der Altstadt von Lauf an der Pegnitz. Es ist ein ehemaliger Geschützturm der alten Stadtbefestigungsanlage aus dem Jahre 1450, der später zu einem Wohnturm umgebaut wurde und heute noch bewohnt ist. «Judenturm» heißt er deshalb, weil er mit Steuergeldern der dort im Getto lebenden Juden erbaut worden sein soll.

Eine Almhütte

Das Bild gibt einen Almauftrieb in den bayerisch-tirolischen Alpen zu Anfang des 19. Jahrhunderts wieder. Zu jener Zeit war die althergebrachte alpenländische Almwirtschaft und ihre Hirtenkultur noch lebendig. Im Frühjahr zogen die Sennhirten mit den Viehherden auf Hochgebirgsweiden, die meist über der Baumgrenze lagen. Dort oben, in ihren Almhütten, führten sie bis zum Herbst ein abgeschiedenes Dasein. (Gemalt nach einem Bild von H. Bürkel.)

Die «Hängenden Häuser» von Cuenca

Die Casas Colgadas, die «Hängenden Häuser», sind zum Wahrzeichen der spanischen Stadt Cuenca geworden. Es sind Reste eines alten maurischen Lustschlosses, die heute als Museum für moderne Kunst dienen.
Die Häuser mit ihren fein ziselierten Balkonfassaden sind fast überhängend so an den Rand steilabfallender Felswände gebaut, daß es scheint, als schwebten sie über dem Abgrund.

«Wolkenkratzer» aus Lehm

Die uralte Stadt Shibam, die von weiten wie eine moderne Großstadt aussieht, lieg am Rande eines ausgetrockneten Flußbett auf einem niedrigen Lehmhügel in einem Tal im jemenitischen Hadramaut. Die mächtigen, oft bis zu acht Stockwerk hoher Häuser wurden – ganz ohne Bauplan – au dem Lehm der Umgebung errichtet. In dieser Lehmarchitektur lebt die altjemenitische Wohnbaukunst fort: Es ist fast unglaublich, daß der Hochhausbau in Südarabien eine mehrtausendjährige Tradition hat.

Bergbauernhof in den Alpen

Beim Anblick dieses verschneiten Bergbauernhofes in den Walliser Alpen kann man verstehen, daß es einer ganz eigenen Tradition und Kultur bedurfte, um ein beschwerliches, genügsames und abgeschiedenes Dasein in einer kargen Umgebung zu führen, das freilich auch seine Sonnenseiten hatte. Aber darin eine Idylle von herber Romantik zu sehen, ist wohl eher die Sache von Städtern.

Baumhaus auf Neuguinea

Die Angst vor feindlichen Nachbarn trieb einige Papua-Stämme im Innern Neuguineas auf die Bäume. Noch bis vor kurzem bauten sie mit einfachen Steinwerkzeugen auf komplizierte Weise ihre Häuser in hoch gelegene Baumkronen, wo sie – mit den unter Papua gebräuchlichen Waffen – so gut wie uneinnehmbar waren. Ein Dorf bestand meist aus zwei bis sechs solcher hölzernen Baumhäuser.

Wohntürme und Baumhäuser, hohe und hoch gelegene Wohnbauten.

Dachgarten im alten Nürnberg

Diese zwischen steilabfallenden mittelalterlichen Giebeldächern um einen kleinen Lichthof verlaufende Dachgartenanlage zeugt vo viel handwerklichem Geschick und städtischem Erfindungsgeist. Gemessen an de heutigen bescheidenen Versuchen, die Innenhöfe städtischer Altbaublocks wohnlicher z machen, ist die abgebildete Dachgartenidylle die nach einem Bild aus dem 17. Jahrhunder gemalt wurde, geradezu als genial zu bezeichnen.

Ein Turmhaus

Dieser hölzerne Wohnturm in Woodstoc (in den USA) ähnelt einer skandinavische Stabkirche. Er ist außen wie innen rech kurios, denn der Turm wurde geschick um den glattgeschälten Stamm einer ur alten Eiche gezimmert. Der mächtig Stamm gibt den Innenräumen nicht nu ein interessantes Aussehen, sondern trägt de Bau vom Boden bis zum Dach mit.

«Tigernest» im Himalaja

Das Kloster Taktsang in Bhutan, das «Tigernest», wurde im 9. Jahrhundert an geheiligter Stätte errichtet. Der Wallfahrtsort liegt an einer senkrecht abfallenden Felswand in schwindelerregender Höhe, siebenhundert Meter über dem Parotal. Dort ist der Sage nach der große buddhistische Magier und Ordensbegründer Padma Sambhava auf einem fliegenden Tiger gelandet.

Baumhaus in Assam

In «Friedenszeiten» bewohnten die Garo in Assam (in Nordost-Indien) hohe Pfahlbauhäuser. Aber aus Furcht vor feindlichen Nachbarn und vor wilden Tieren verlegten sie zusätzlich mit Palmblättern gedeckte Bambushütten als Wach- und Zufluchtsorte in Baumkronen, hoch über ihren Pfahlbauten. Die Garo hatten allen Grund dazu, sich so vorzusehen, denn, wie sie selbst, waren auch die anderen in diesem Landstrich lebenden Stämme gefürchtete Kopfjäger.

Die Lenzburg im Aargau

Wegen der dominierenden Lage auf einem Hügel über der gleichnamigen Stadt hat ein Chronist die Lenzburg im Schweizer Kanton Aargau als «ein hus zu schutz und schirm des ganzen Ergöws» bezeichnet.
Die ursprüngliche Anlage des heute hufeisenförmigen Baus war eine zweitürmige Burg aus dem ersten Jahrtausend. Im Laufe ihrer wechselvollen Geschichte war die Lenzburg unter anderem im Besitz der Familie des Dichters Frank Wedekind. (Gemalt nach einem Bild aus dem 19. Jahrhundert.)

«Hochbau» auf Sumba

Die hochgetürmten, mit Steppengras gedeckten traditionellen Bambushäuser au Sumba, der «Insel der Sandelholzpferde (in Indonesien), haben eine wohlbedacht Einteilung: Unten halten sich kleiner Haustiere auf, in der Mitte lebt die Familie und ganz oben wohnen die Seelen der Verstorbenen. An dem seltsam aufhockende Geisterhaus deutet allerdings manches darauf hin, daß es heute den als Pferdezüchter berühmten Leuten auf Sumba auch als Ausguck dient.

Endlich hab' ich ein Geheimnis!
Was denn?
Ich kann fliegen!

Dylan Thomas

Er war den Frauen und den Genüssen des Tisches gleich stark ergeben. Seine Freigebigkeit kannte keine Grenzen, und seine Ausschweifungen waren ohne alles Maß. Denn er glaubte nicht, wie der Kalif Omar Ben Abdalaziz, daß man aus dieser Welt eine Hölle machen müsse, um in der andern sich des Paradieses zu erfreuen.
An Glanz übertraf er alle seine Vorfahren. Der Palast Alkorremmi, den sein Vater Motassem auf dem Wildpferdhügel erbaut hatte und der die ganze Stadt Samarah beherrschte, war ihm nicht weit genug. Er ließ noch fünf Flügel, oder vielmehr fünf neue Paläste anbauen, und jeder davon war zur Befriedigung eines seiner Sinne bestimmt.
In dem ersten dieser fünf Paläste waren die Tische stets mit den ausgesuchtesten Speisen bedeckt. Tag und Nacht, sobald sie kalt geworden waren, wurden sie erneuert. Die feinsten Weine und die besten Liköre flossen in Strömen aus hundert Springbrunnen, die nie versiegten. Dieser Palast hieß «Das Ewige Fest» oder «Der Unersättliche».
Den zweiten Palast nannte man «Tempel der Melodie» oder «Nektar der Seele». Ihn bewohnten die besten Musiker und bewundertsten Dichter der Zeit. Nachdem sie ihre Talente an diesem Orte geübt hatten, zerstreuten sie sich in Gruppen und überfluteten die ganze Umgebung mit ihren Liedern.
Der Palast «Das Entzücken der Augen» oder «Die Stütze des Gedächtnisses» war ein einziges Wunder. Die größten Seltenheiten aus allen Ecken der Welt waren hier in reicher Fülle und in schönster Ordnung versammelt. Man sah in einer Galerie die Bilder des berühmten Mani und Statuen, die zu leben schienen. Hier reizte eine kunstvolle Perspektive den Blick; dort wurde das Auge angenehm durch die Künste der Optik getäuscht; an einer andern Stelle fand man alle Schätze der Natur. Mit einem Worte: Vathek, der neugierigste unter den Menschen, hatte in diesem Palaste nichts vergessen, was die Neugierde der Besucher befriedigen konnte.
Der Palast der Wohlgerüche, den man auch «Stachel der Wollust» nannte, war in mehrere Säle unterteilt. Aromatische Lampen und Fackeln brannten hier auch am hellen Tage. Um der köstlichen Trunkenheit zu entgehen, die einen bald umfing, stieg man in einen weitläufigen Garten hinab, wo Blumen jeder Art einen kühlen und erfrischenden Duft verströmten. Der fünfte Palast hieß «Die Wohnung der Freude» oder «Der Gefährliche». Hier waren viele junge Mädchen und Frauen. Sie waren schön und verführerisch wie die Huris und wurden nie müde, diejenigen wohl zu empfangen, denen der Kalif ihre Gesellschaft gewährte. Denn er war gar nicht eifersüchtig; verwahrte er doch seine eigenen Frauen in dem Palast, den er bewohnte.

Vathek *William Beckford*

Schlösser, Paläste und andere prächtige Wohnorte.

Lustschloß Sanssouci bei Potsdam

Das Schlößchen Sanssouci («Sorgenfrei») war der Lieblingswohnsitz des Preußenkönigs Friedrich des Großen. Der König, der selbst Entwürfe anfertigte, erwies sich als eigenwilliger Bauherr, der die Arbeit seines nicht minder anspruchsvollen Baumeisters bis ins Detail überwachte. So entstand in Sanssouci das Erlesenste, was das friderizianische Rokoko hervorbrachte, unter anderem das «Voltaire-Zimmer» mit seinen geschnitzten, bemalten Pflanzen und mit Tieren aus den Fabeln Lafontaines.

Königspalast in Purba

Der Batak-Palast in Purba auf Sumatra ist ein kunstvoller Bau aus Holz, Bambus, Palmblättern und Palmfasern, der seit dreihundert Jahren besteht. Er wurde von einem König (einem Herrscher der Simalungun) und seinen zwölf Frauen bewohnt. Der Raum für den König, eher ein Verschlag, lag an der Rückseite neben dem Eingang; entlang eines Flurs, der den Bau durchzog, hatten die Frauen ihre Abteile, jeweils mit einer Feuerstelle und eigenem Gewürzregal.

Schloß des weißen Reihers

Das Himeji-Schloß in Japan, das wegen seiner weißen Mauern «Schloß des weißen Reihers» heißt, stammt aus der Momoyama- oder «Pfirsich-Berg»-Periode (um 1600). Zu jener Zeit ließ eine neue feudale Führungsschicht Schlösser von bis dahin ungeahnter Farbigkeit, Heiterkeit und Pracht errichten. Trotz seines Festungscharakters ist das Himeji-Schloß mit seinem mächtigen siebenstöckigen Turm und seinen kleineren vier- und fünfstöckigen Türmen ein sehr anmutiges Bauwerk.

Schlafgemach der Kaiserin Josephine

Das Schlößchen Malmaison nahe Paris wurde 1799 von Madame Josephine Bonaparte erworben. Auch ihr Gemahl Napoleon hatte während seiner Zeit als Erster Konsul von Frankreich dort seinen Wohnsitz, bis er Kaiser wurde. Kaiserin Josephine zog nach ihrer Scheidung wieder nach Malmaison zurück und lebte dort bis zu ihrem Tode. Das Schlafgemach ist, wie das gesamte Schloß, im klassizistischen Stil gestaltet, der von Josephine selbst entscheidend mitgeprägt wurde.

Prachtgarten im Schloß zu Mantua

Mit der Entdeckung des Gartens als architektonischer Anlage entstand der italienische Renaissance-Garten – eine Fortführung der Gebäudearchitektur mit anderen Mitteln. Entsprechend durchgestaltet waren die Alleen aus Zypressen, Buchs-, Myrten- und Lorbeerbäumen, die Weinlauben, Rosenhecken, immergrünen Pavillons, die geometrischen Blumenbeete, Wege, Terrassen und Plätze dieser Anlagen, in denen man lustwandeln und Feste veranstalten konnte. (Gemalt nach einem Bild von F. Pourbus d. Ä.)

Venezianische Gesandtschaft in Kairo

Vor der orientalisch-prächtigen Kulisse des alten Kairo zeigt die Abbildung den Empfang einer Gesandtschaft von Venezianern, die zu den Mamelucken bereits sehr früh Handelsbeziehungen unterhielten. (Gemalt nach einem Bild aus dem 15. Jh.) Schon vor den Kreuzfahrern hatten die Venezianer ihre Flotten im östlichen Mittelmeer und wurden reich durch ihre Handelsbeziehungen zum Orient. Zum vielgerühmten «Schatzkästchen» wurde Venedig allerdings erst durch geraubtes byzantinisches Gold.

«Märchenschloß» Chambord

Das Lustschloß Chambord im Loire-Tal, erbaut von König Franz I., zählt zu den erlesensten Renaissance-Schlössern Frankreichs. Das märchenhafte Schloß mit den zahllosen Dachtürmen umfaßt vierhundertvierzig Räume, dreizehn Treppen, Ställe für zwölfhundert Pferde und einen sechstausend Hektar großen Park. Ein bauliches Wunderding ist die steinerne Lilientreppe, auf der man einander begegnen, sich aber nicht sehen kann, weil es in Wirklichkeit zwei verschlungene Spiralen sind.

Wasserfest in Nymphenburg

Schloß Nymphenburg bei München – ursprünglich ein einfaches «Lusthaus» – war vor allem im Barock und im Rokoko als Szenerie für prunkvolle Feste bestimmt. Die oft Wochen andauernden Festlichkeiten im Schloß und in der weitläufigen Parkanlage wurden als eine Art Gesamtkunstwerk inszeniert, bei dem es an nichts fehlen durfte. So ließ man zum Beispiel für Wasserfeste eigens Gondoliere, Gondeln und Gondelbauer aus Venedig herbeischaffen. (Gemalt nach einem Bild von Bernardo Bellotto.)

Hofkonzert und Teegesellschaft

Die Szene (nach einem Bild von M.-B. Ollivier) zeigt den kleinen Mozart bei einem Konzert inmitten einer Teegesellschaft «à l'anglaise» am Hofe des Prinzen Conti in Paris. Ollivier hat sich bemüht, jenen (für das 18. Jahrhundert typischen) milden, lichten Glanz wiederzugeben, der damals den Saal erfüllt haben muß – hervorgerufen durch hohe, feinunterteilte Sprossenfenster, helle Vorhänge, Spiegel und eine weiß-goldene und pastellfarbene Bemalung der Decke, der Wände und der Türen.

Brunnen im Topkapi-Serail

Hinter dem «Tor der Glückseligkeit» de weitläufigen Palastanlage des Topkapi Serails in Istanbul erstreckte sich der nach außen streng abgeschirmte Harem, de Wohnbereich der osmanischen Sultane und ihrer Frauen. Dieser Harem, ein architektonischer Irrgarten, war von sprichwörtlich orientalischem Luxus geprägt. So zeigen in dem abgebildeten Brunnenzimmer (aus dem 16. Jahrhundert) allein schon die Fayencenflächen mit neunzehn verschiedenen Mustern, wie kostbar alles gestaltet war.

Palast der Maharana von Udaipur

Mit dem Bau dieses Marmor-Palastes in Udaipur (im 16. Jahrhundert) wollte ei mächtiger hinduistischer Radschputen-Fürst den Palästen mohammedanischer Moguln etwas entgegensetzen, was all deren Pracht übertreffen sollte. So entstand au einem Hügelplateau an einem künstliche See eine Schloßanlage von gewaltigem Ausmaß und in einer für Europäer kaum vorstellbaren Prachtentfaltung.

Nächtliches Gastmahl

Das festliche Bankett (gemalt nach einem Bild von Johann Wolfgang Heimbach), ve mutlich in einem Augsburger oder Nürnberger Saal des frühen 17. Jahrhunderts besticht durch die effektvolle Kerzenbeleuchtung. Während die lange Tafel in konzertriertes, gleißendes Licht getaucht ist, lieg der übrige Raum mit den flämischen Teppich-Vorhängen in einem angenehm dämmerigen Kerzenschimmer. So hat diese Tafelgesellschaft etwas sehr Festliches und – trotz der Größe – auch etwas Intimes.

Von Gold und Silber ist mein Haus ...

Ich betrat das Dorf an seinem oberen Ende. Die Gassen waren verödet, die Häuser wirkten unbewohnt. Und doch rochen sie noch nach warmem Brot und Buchweizengrütze. Offenbar hatten die Leute sie eben erst verlassen. Und jetzt weder Geräusch noch Lampenschein.
Auch die am Dorfrand immer so böse kläffenden Hunde waren mit ihren Herrn fortgegangen. Die Hühner schliefen. Keine Katzen. Sie streunten anderwärts.
Ich folgte der abschüssigen Gasse und ging in der vollkommenen Stille aufs Geratewohl von Haus zu Haus. Plötzlich gelangte ich auf einen kleinen Platz.
Da offenbarte sich mir das ganze Geheimnis.
Das Dorf war versammelt, das Dorf in seiner Gesamtheit, Menschen und Tiere. Und es schien zu warten.
Es schien in Zuversicht zu warten. Es war ein geduldiges, ein gutgläubiges Dorf. Das sprang in die Augen, man brauchte nur die Gesichter der Leute zu betrachten. Sie waren verständig und friedfertig, und sie saßen und standen in mehreren Reihen.

Die schlafenden Wasser *Henri Bosco*

Ein Langhaus

Im Norden der Insel Borneo (in Malaysia) gibt es Dörfer, die aus einem einzigen Langhaus bestehen. An die dreihundert Menschen (die Angehörigen untereinander verwandter Familien) wohnen zusammen unter einem Dach. Es wird sogar von einem dreihundertfünfzig Meter langen Haus mit sechshundert Menschen berichtet.
Solch ein Hausdorf aus Holz, Bambus und Palmblättern steht auf hohen Pfählen und wird über eine steile Leiter betreten. Durch eine Wand ist es über die ganze Länge in zwei Hälften geteilt. Eine Hälfte, die überdachte «Dorfstraße», an der entlang eine riesige Veranda verläuft, ist der gemeinsame Bereich. Dort trifft man sich, geht allerlei Beschäftigungen nach, dort spielen die Kinder, und auch die Hunde, Katzen und Hühner dürfen sich dort aufhalten. Von der «Dorfstraße» aus führen Türen in die andere Haushälfte, die nach Familienräumen – jeweils mit Schlafplätzen und Feuerstellen – unterteilt ist.

In einem ostfriesischen Bauernhof

Die Abbildung (gemalt nach einem Bild von Jan Breughel dem Älteren) gibt einen Einblick in das Alltagsleben einer bäuerlichen Wohngemeinschaft im Flandern des 16. Jahrhunderts. Rings um den riesigen Kessel über der Feuerstelle gehen die Knechte, Mägde und Angehörigen der Bauersfamilie ihren Beschäftigungen nach. (Im Hintergrund wird z.B. gebuttert.) Nicht alltäglich dürfte allerdings der Besuch aus der Stadt gewesen sein, wie man dem staunenden Buben ansieht.

Ein Zeltdorf

Im Nord-Iran errichten Hirtenfamilien in Frühjahr ganze Zeltdörfer. Die viermasti gen Zelte, die aus schwarzem Ziegenhaa gewebt sind, stehen so dicht beisammen daß das Dorf von weitem wie ein einzige weitverzweigter Zeltkomplex aussieht.
Im Spätsommer, sobald es kalt wird un die Schafe und Ziegen die Weiden abge grast haben, brechen die Dorfgemeinschaf ten ihre Zelte ab und ziehen mit ihre Herden in die Winterdörfer am Südhan des Elburs-Gebirges.

Brückenhäuser in Paris

Die Häuser, die auf der Abbildung die Kulisse für ein Zunftfest auf der Seine abgeben und dabei wie Logenplätze wirken, standen auf der Pont Notre-Dame, einer der ältesten Pariser Brücken. Im Jahre 1786 wurden sie abgerissen. Die mehrgeschossigen Hochhäuser stammten noch aus dem Mittelalter. (Gemalt nach einem zeitgenössischen Bild von J.B. Raguenet.)

Eine Trulli-Stadt

Die süditalienische Stadt Alberobello (im 17. Jahrhundert gegründet) ist berühmt wegen ihrer Trulli-Häuser, deren «urtümliche» Bauform in der Tat aus der Erinnerung an eine prähistorische Tradition entstand. Jeder Raum einer Wohnung hat ein eigenes Kuppeldach, und mit jedem Zimmeranbau entstand eine weitere Kuppel. Durch die vielen (Zimmer-)Dächer wirkt die an sich nicht sehr dicht bevölkerte Ansiedlung ungewöhnlich eng bebaut.

Sippen-, Dorf- und Stadthäuser und weitere Wohnstätten für viele.

Wohnhäuser in Amsterdam

Die Altstadt von Amsterdam besteht noc zu einem Großteil aus alten Häusern, u die man ihre Bewohner einfach beneide muß. Die abgebildeten Häuser an der Prir sengracht stammen aus dem 17. Jahrhur dert, dem «Goldenen Zeitalter», in dem sic die holländischen Städte ausdehnten un durch planvolle Entwicklung ihre endgültig viel bewunderte Gestalt gewannen. In jen Zeit kam eine städtische Wohnkultur z Entfaltung, die ihresgleichen sucht.

Felsendorf der Dogon

Die Dogon in Mali haben ihre Dörfer i das unwegsame Felsenplateau südlich v Timbuktu gebaut. In diesen Ansiedlunge sind die aus Lehm und Stein gemauert Wohnanlagen (Haupthäuser mit Küche anbauten, Speichern und Ställen) auf en stem Raum zusammengedrängt, und manc mal sind sie in ihren «Felsenfestungen» gut verschanzt, daß man die Dörfer nur üb Seil-Leitern erreichen kann.

Sippen-Wohnhaus als Mikrokosmos

Die traditionellen Gemeinschaftshäuser der Makiritare-Indianer im Urwaldgebiet Ost-Venezuelas verkörperten das Universum im Kleinen.
Das runde Kegeldach versinnbildlichte das Himmelsdach, der Mittelpfosten die Weltachse, ein Querbalken die Milchstraße; die vier Eingänge lagen in den vier Himmelsrichtungen. Die Wahl des Standorts dieser von bis zu hundert Menschen bewohnten Rundhäuser war dabei so wichtig wie das Bauen selbst.

Hochhäuser in Süd-Arabien

Die Jemeniten halten Sanaa für die älteste Stadt der Welt. Immerhin stammen die meisten der lebendig gestalteten, reich verzierten Hochhäuser aus Lehm und Marmor, mit Reliefs, Rundbögen und Fenstern aus Alabaster, noch aus alten, vorislamischen Zeiten.
In der Antike gehörte die jemenitische Metropole Sanaa zu jenen reichen südarabischen Stadtstaaten, die wegen ihrer blühenden Stadtkultur als «Arabia felix» gerühmt wurden.

Marktplatz in Lucca

Lucca zählt zu den schönsten Städten der Toskana und ist – wie fast alle italienischen Städte – reich an Kunstschätzen und Sehenswürdigkeiten. Eine Besonderheit in dieser Stadt ist jedoch die Piazza del Mercato, der Marktplatz. Er ist eigentlich das Zentrum eines alten römischen Amphitheaters, das später mit Wohnhäusern überbaut wurde. Zwei Bogenreihen mit je vierundfünfzig Arkaden sind bis heute erhalten geblieben.

Pueblo der Zuñi-Indianer

Eine außergewöhnliche Erscheinung unt den Wohnbauten der nordamerikanisch Indianer sind die Pueblos. Es sind meh stöckige, terrassenförmige «Einhausdörfer die von mutterrechtlich organisierten Dor gemeinschaften bewohnt wurden, die früh mehrere hundert Angehörige umfaßten.
Zu den aus Adobeziegeln und Baumstär men errichteten Stockwerken und Räum (mit Dachluken als Einstieg) führten L tern, die bei Gefahr eingezogen wurden.

Kommt näher, ihr Leute, wo immer ihr seid …

Bob Dylan

Quellennachweise

Kapitel 1
Mond überm Zigeunerwagen, Zigeunerlieder,
Langen, Müller-Verlag München, o.J.

Kapitel 2
Mark Twain, *Leben auf dem Mississippi,*
Carl Hanser Verlag, München Wien 1977

Kapitel 3
Johann Gottfried Herder, Brief (Dokument)

Kapitel 4
Ferdinand Cheval, Brief (Dokument)

Kapitel 5
Christian Morgenstern, *Epigramme und Sprüche,*
R. Piper & Co. Verlag, München 1922

Kapitel 6
Japanische Märchen, herausgegeben und übersetzt
von Toschio, Fischer Verlag 1974

Kapitel 7
Märchen aus Rußland, bearbeitet von
Alexei N. Tolstoi, Fischer Verlag 1975

Kapitel 8
Märchen der Eskimo, herausgegeben und übertragen
von Heinz Barüske, Fischer Verlag 1975

Kapitel 9
Franz Kafka, *Sämtliche Erzählungen,*
Fischer Bücherei Verlag

Kapitel 10
William Beckford: *Vathek,*
Insel-Verlag, Frankfurt am Main 1964

Kapitel 11
William Beckford: *Vathek,*
Insel Verlag Frankfurt am Main 1964

Kapitel 12
Henri Bosco, *Die schlafenden Wasser,*
Holle Verlag GmbH, Baden-Baden 1958

Himmelszelt und Schneckenhaus

Text, Illustrationen und Überzug
von Rita Mühlbauer und Hanno Rink

2. Auflage 1994

Printed in Germany

ISBN 3-7941-1663-1
Bestellnummer 01 01663

Die Deutsche Bibliothek –
CIP-Einheitsaufnahme

Himmelszelt und Schneckenhaus :
Wohnhäuser, Wohnwagen, Hütten,
Zelte, Erdhäuser, Hausboote, Burgen, Baumhäuser,
Schlösser, Höhlenwohnungen, Schutzdächer / Rita
Mühlbauer ; Hanno Rink.– Neuausg. – Aarau ;
Frankfurt am Main ; Salzburg : Sauerländer, 1994
ISBN 3-7941-1663-1
NE: Mühlbauer, Rita; Rink, Hanno